全国“八五”普法
普法知识题集系列 7

老年人

LAONIANREN

普法知识题集

PUFA ZHISHI TIJI

中国法制出版社
CHINA LEGAL PUBLISHING HOUSE

图书在版编目（CIP）数据

老年人普法知识题集 / 中国法制出版社编 . —北京：中国法制出版社，2021.6
（普法知识题集系列）
ISBN 978 - 7 - 5216 - 1896 - 9

Ⅰ. ①老… Ⅱ. ①中… Ⅲ. ①法律 - 中国 - 习题集 Ⅳ. ①D92 - 44

中国版本图书馆 CIP 数据核字（2021）第 098652 号

策划统筹　胡　斌　唐　鹍
责任编辑　唐　鹍　　封面设计　李　宁

老年人普法知识题集
LAONIANREN PUFA ZHISHI TIJI

编者/中国法制出版社
经销/新华书店
印刷/三河市紫恒印装有限公司
开本/880 毫米×1230 毫米　32 开　　印张/ 6.75　字数/ 169 千
版次/2021 年 6 月第 1 版　　2021 年 6 月第 1 次印刷

中国法制出版社出版
书号 ISBN 978 - 7 - 5216 - 1896 - 9　　定价：28.00 元

北京西单横二条 2 号
邮政编码 100031　　传真：010 - 66031119
网址：http：//www. zgfzs. com　　**编辑部电话：010 - 66066820**
市场营销部电话：010 - 66033393　　**邮购部电话：010 - 66033288**

（如有印装质量问题，请与本社印务部联系调换。电话：010 - 66032926）

编辑说明

当前，我国已开启全面建设社会主义现代化国家新征程，进入新发展阶段。通过开展“八五”普法，使公民法治素养和社会治理法治化水平显著提升，形成全社会尊法学法守法用法的良好氛围。多层次多领域依法治理深入推进，全社会办事依法、遇事找法、解决问题用法、化解矛盾靠法的法治环境显著改善。

提升公民法治素养是全民普法的主要目标，也是全面依法治国的迫切要求，要突出重点对象，分层分类指导。实行公民终身法治教育制度，把法治教育纳入干部教育体系、国民教育体系、社会教育体系，不断提升全体公民法治意识和法治素养。坚持学用结合、普治并举。注重在立法、执法、司法和法律服务过程中开展实时普法，把普法深度融入立法、执法、司法和法律服务全过程，把普法融入法治实践、基层治理和日常生活。

为配合“八五”普法工作需要，我们组织编写了“普法知识题集系列丛书”。定位普法，覆盖公民、国家工作人员、领导干部、青少年、企业人员等，题型丰富、解析精准、难度适中，从试题角度为普法工作学习提供检验测试工具。丛书具有以下特点：

一、题型丰富。题型涵盖判断题、单选题、多选题、填空题、简答题，完备系统。

二、解析精准。习题均附有参考答案，解析有法律条文做依据，精准可靠。部分判断题、填空题的解析出于节省篇幅考虑，只列出答案和条文序号。

三、难度适中。习题设置避免难题、偏题、怪题，以突出应知应会和重点条文为出发点设置。

本丛书既适合机关、团体、学校、企业、事业单位等组织相关培训配套使用，也适合有学习需求的广大读者阅读。希望本丛书的出版能够有助于引导广大读者养成自觉守法的意识，形成遇事找法的习惯，培养解决问题靠法的意识和能力。为建设信仰法治、公平正义、保障权利、守法诚信、充满活力、和谐有序的社会主义法治社会贡献一份力量。

由于时间和水平有限，不足之处在所难免，敬请广大读者批评指正。

中国法制出版社

2021年6月

目录

一、宪　法

（一）判断题

1. 中华人民共和国的一切权力属于公民。（　　）
2. 国家为了公共利益的需要，可以依照法律规定对公民的私有财产实行征收或者征用并给予补偿。（　　）
3. 中华人民共和国公民的住宅不受侵犯。禁止非法搜查或者非法侵入公民的住宅。（　　）
4. 老年人对于国家机关和国家工作人员，没有提出批评和建议的权利，因为该群体年事已高，智力体力受到一定影响。（　　）
5. 由于国家机关和国家工作人员侵犯公民权利而受到损失的人，有依照法律规定取得赔偿的权利。由于国家机关和国家工作人员侵犯公民权利而受到损失的人，有依照法律规定取得补偿的权利。（　　）
6. 老年人没有劳动的权利和义务。（　　）
7. 劳动是一切有劳动能力的公民的光荣职责，但是老年人的劳动能力已经相对减弱，所以劳动不是老年人的光荣职责。（　　）
8. 义务劳动只有退休的老年人才从事。（　　）
9. 中华人民共和国老年劳动者有休息的权利。（　　）
10. 中华人民共和国公民有受教育的权利和义务，由于老年人已步入暮年，因此不享有受教育的权利和义务。（　　）
11. 中华人民共和国妇女在政治的、经济的、文化的、社会的和家庭的生活等各方面享有同男子平等的权利，老年妇女也同等享有。（　　）
12. 父母有抚养教育未成年子女的义务，成年子女有赡养扶助父母的义务，因此在父母年老时，可以要求有劳动能力的成年子女赡养扶助。（　　）
13. 中华人民共和国公民有维护国家统一和全国各民族团结的义务，老年人也不例外。（　　）
14. 有选举权和被选举权的年满45周岁的中华人民共和国公民可以被选为中

华人民共和国主席、副主席，但年满65周岁的除外。(　　)

15. 民族自治地方的自治机关有管理地方财政的自治权。凡是依照国家财政体制属于民族自治地方的财政收入，都应当由民族自治地方的自治机关自主地安排使用。(　　)

16. 最高人民检察院领导地方各级人民检察院和专门人民检察院的工作，上级人民检察院领导下级人民检察院的工作。(　　)

(二) 单项选择题

1. 参加农村集体经济组织的劳动者，有权在法律规定的范围内经营自留地、自留山、(　　)和饲养自留畜。

A. 家庭主业　　B. 自留园

C. 家庭副业　　D. 自留湖

2. 国家保护正常的宗教活动。任何人不得利用宗教进行破坏社会秩序、(　　)、妨碍国家教育制度的活动。

A. 损害公民权利　　B. 损害公民身体健康

C. 损害老年人身体健康　　D. 危害国防利益

3. 中华人民共和国公民的人身自由不受侵犯。任何公民，非经(　　)批准或者决定或者人民法院决定，并由公安机关执行，不受逮捕。

A. 人民检察院　　B. 最高人民检察院

C. 最高人民法院　　D. 人民政府

4. 国家依照法律规定实行企业事业组织的职工和国家机关工作人员的退休制度。(　　)的生活受到国家和社会的保障。

A. 老年人

B. 丧失劳动能力的老年人

C. 已达退休年龄但仍在工作的老年人

D. 退休人员

5. 中华人民共和国(　　)有依照法律纳税的义务。

A. 所有人　　B. 人民

C. 青年人、老年人和妇女　　D. 公民

6. 国务院每届任期同全国人民代表大会每届任期相同。总理、副总理、国

务委员连续任职不得超过(　　)届。

A. 1　　B. 2

C. 3　　D. 4

7. 中央军事委员会实行主席负责制。中央军事委员会每届任期同(　　)每届任期相同。

A. 国务院　　B. 中华人民共和国主席

C. 全国人民代表大会　　D. 中央军委会主席

8. 地方国家权力机关是(　　)。

A. 地方各级人民代表大会

B. 地方各级人民代表大会常务委员会

C. 地方各级人民政府

D. 地方各级监察委员会

9. (　　)以上的地方各级人民代表大会设立常务委员会。

A. 乡镇　　B. 县

C. 市　　D. 省

10. 省、直辖市、设区的市的人民代表大会代表由下一级的人民代表大会选举；县、不设区的市、市辖区、乡、民族乡、镇的人民代表大会代表如何产生？(　　)

A. 由上级人民代表大会任命

B. 由同级人民政府任命

C. 由同级人民政府领导人举荐

D. 由选民直接选举

11. 地方各级人民代表大会每届任期(　　)年。

A. 1　　B. 3

C. 5　　D. 7

12. (　　)的人民代表大会可以依照法律规定的权限采取适合民族特点的具体措施。

A. 民族自治州　　B. 民族乡

C. 民族自治区　　D. 民族自治县

13. (　　)分别选举并且有权罢免本级人民政府的省长和副省长、市长和副市长、县长和副县长、区长和副区长、乡长和副乡长、镇长和副镇长。

A. 地方各级人民代表大会

B. 地方各级人民代表大会常务委员会

C. 上级人民代表大会

D. 上级人民代表大会常务委员会

14. (　　)是最高监察机关。

A. 中华人民共和国监察委员会

B. 中华人民共和国国家监察委员会

C. 中华人民共和国最高监察委员会

D. 国家监察委员会

(三) 多项选择题

1. 农村中的(　　)等各种形式的合作经济，是社会主义劳动群众集体所有制经济。

A. 生产　　B. 供销

C. 信用　　D. 消费

2. 城镇中的(　　)、商业、服务业等行业的各种形式的合作经济，都是社会主义劳动群众集体所有制经济。

A. 手工业　　B. 工业

C. 建筑业　　D. 运输业

3. 中华人民共和国公民有(　　)、游行、示威的自由。

A. 言论　　B. 出版

C. 集会　　D. 结社

4. 中华人民共和国公民的人格尊严不受侵犯。禁止用任何方法对公民进行(　　)。

A. 侮辱　　B. 辱骂

C. 诽谤　　D. 诬告陷害

5. 中华人民共和国公民的(　　)受法律的保护。除因国家安全或者追查刑事犯罪的需要，由公安机关或者检察机关依照法律规定的程序对通信进行检查外，任何组织或者个人不得以任何理由侵犯公民的通信自由和通信秘密。

A. 通信方式　　B. 通信自由

C. 通信秘密　　D. 通信对象

6. 中华人民共和国公民在(　　)或者丧失劳动能力的情况下，有从国家和社会获得物质帮助的权利。国家发展为公民享受这些权利所需要的社会保险、社会救济和医疗卫生事业。

A. 年老　　B. 年幼

C. 丧失生活能力　　D. 疾病

7. 禁止破坏婚姻自由，禁止虐待(　　)。

A. 残疾人　　B. 老人

C. 妇女　　D. 儿童

8. 中华人民共和国保护华侨的正当的权利和利益，保护(　　)的合法的权利和利益。

A. 归侨　　B. 侨眷

C. 老年华侨　　D. 老年侨眷

9. 中华人民共和国公民在行使自由和权利的时候，不得损害(　　)利益和其他公民的合法的自由和权利。

A. 国家的　　B. 社会的

C. 家庭的　　D. 集体的

10. 下列说法正确的是：(　)

A. 中华人民共和国公民有维护国家统一和全国各民族团结的义务

B. 中华人民共和国公民必须遵守宪法和法律，保守国家秘密，爱护公共财产，遵守劳动纪律，遵守公共秩序，尊重社会公德

C. 中华人民共和国公民有维护祖国的安全、荣誉和利益的义务，不得有危害祖国的安全、荣誉和利益的行为

D. 保卫祖国、抵抗侵略是中华人民共和国每一个公民的神圣职责

11. 以下哪些是国务院行使的职权？(　)

A. 决定驻外全权代表的任免

B. 在全国人民代表大会闭会期间，审查和批准国民经济和社会发展计划、国家预算在执行过程中所必须作的部分调整方案

C. 向全国人民代表大会或者全国人民代表大会常务委员会提出议案

D. 领导和管理教育、科学、文化、卫生、体育和计划生育工作

12. 中央军事委员会主席对(　　)负责。

A. 国务院

B. 全国人民代表大会

C. 全国人民代表大会常务委员会

D. 中华人民共和国主席

13. 县级以上的地方各级人民代表大会常务委员会的组成人员不得担任国家(　　)的职务。

A. 行政机关　　B. 监察机关

C. 审判机关　　D. 检察机关

14. 监察机关办理(　　)案件，应当与审判机关、检察机关、执法部门互相配合，互相制约。

A. 贪污腐败　　B. 职务违法

C. 职务犯罪　　D. 职务侵占

15. 下列说法错误的是：(　　)

A. 中华人民共和国人民法院是国家的审判机关

B. 中华人民共和国各级检察院是国家的监察机关

C. 民族自治地方的自治机关是自治区、自治州、自治县的人民代表大会

D. 民族自治地方的自治机关是自治区、自治州、自治县的人民政府

(四) 填空题

1. 中华人民共和国的一切____属于人民。

2. 农村集体经济组织实行____的双层经营体制。

3. 任何组织或者个人不得侵占、买卖或者以其他形式非法转让土地。土地的____可以依照法律的规定转让。

4. 凡具有____的人都是中华人民共和国公民。

5. 中华人民共和国年满18周岁的公民，不分民族、种族、性别、职业、家庭出身、宗教信仰、教育程度、财产状况、居住期限，都有选举权和被选举权；但是____的人除外。

6. ____在全国人民代表大会各种会议上的发言和表决，不受法律追究。
7. 总理领导国务院的工作。副总理、国务委员协助总理工作。总理、副总理、国务委员、秘书长组成国务院常务会议。____召集和主持国务院常务会议和国务院全体会议。
8. 国务院设立____，对国务院各部门和地方各级政府的财政收支，对国家的财政金融机构和企业事业组织的财务收支，进行审计监督。
9. 国务院对____负责并报告工作；在全国人民代表大会闭会期间，对全国人民代表大会常务委员会负责并报告工作。
10. 中华人民共和国____领导全国武装力量。
11. 省、直辖市、县、市、市辖区、乡、民族乡、镇设立人民代表大会和人民政府。地方各级人民代表大会和地方各级人民政府的组织由法律。自治区、自治州、自治县设立____。
12. 省、直辖市的人民代表大会和它们的常务委员会，在不同宪法、法律、行政法规相抵触的前提下，可以制定地方性法规，报____备案。
13. 地方各级人民政府是地方各级国家权力机关的____，是地方各级国家行政机关。
14. 省、直辖市的____决定乡、民族乡、镇的建置和区域划分。
15. 民族自治地方的自治机关在____的指导下，自主地安排和管理地方性的经济建设事业。
16. 民族自治地方的自治机关依照国家的军事制度和当地的实际需要，经国务院批准，可以组织本地方维护社会治安的____。
17. 中华人民共和国国旗是____。中华人民共和国国歌是____。

（五）简答题

1. 简述国务院的人员组成。
2. 简述国务院行使的职权。

参考答案

（一）判断题

1. ×，解析：《宪法》第 2 条第 1 款规定，中华人民共和国的一切权力属于人民。
2. √，解析：《宪法》第 13 条第 3 款。
3. √，解析：《宪法》第 39 条。
4. ×，解析：《宪法》第 41 条第 1 款规定，中华人民共和国公民对于任何国家机关和国家工作人员，有提出批评和建议的权利；对于任何国家机关和国家工作人员的违法失职行为，有向有关国家机关提出申诉、控告或者检举的权利，但是不得捏造或者歪曲事实进行诬告陷害。
5. ×，解析：《宪法》第 41 条第 3 条规定，由于国家机关和国家工作人员侵犯公民权利而受到损失的人，有依照法律规定取得赔偿的权利。
6. ×，解析：《宪法》第 42 条第 1 款规定，中华人民共和国公民有劳动的权利和义务。
7. ×，解析：《宪法》第 42 条第 3 款规定，劳动是一切有劳动能力的公民的光荣职责。国有企业和城乡集体经济组织的劳动者都应当以国家主人翁的态度对待自己的劳动。国家提倡社会主义劳动竞赛，奖励劳动模范和先进工作者。国家提倡公民从事义务劳动。
8. ×，解析：《宪法》第 42 条第 3 款规定，劳动是一切有劳动能力的公民的光荣职责。国有企业和城乡集体经济组织的劳动者都应当以国家主人翁的态度对待自己的劳动。国家提倡社会主义劳动竞赛，奖励劳动模范和先进工作者。国家提倡公民从事义务劳动。
9. ×，解析：《宪法》第 43 条第 1 款规定，中华人民共和国劳动者有休息的权利。
10. ×，解析：《宪法》第 46 条第 1 款规定，中华人民共和国公民有受教育的权利和义务。
11. √，解析：《宪法》第 48 条第 1 款。
12. √，解析：《宪法》第 49 条第 3 款。
13. √，解析：《宪法》第 52 条。
14. ×，解析：《宪法》第 79 条第 2 款规定，有选举权和被选举权的年满 45 周岁的中华人民共和国公民可以被选为中华人民共和国主席、副主席。

15. √，解析：《宪法》第117条。

16. √，解析：《宪法》第137条。

（二）单项选择题

1. C，解析：《宪法》第8条第1款规定，农村集体经济组织实行家庭承包经营为基础、统分结合的双层经营体制。农村中的生产、供销、信用、消费等各种形式的合作经济，是社会主义劳动群众集体所有制经济。参加农村集体经济组织的劳动者，有权在法律规定的范围内经营自留地、自留山、家庭副业和饲养自留畜。

2. B，解析：《宪法》第36条第3款规定，国家保护正常的宗教活动。任何人不得利用宗教进行破坏社会秩序、损害公民身体健康、妨碍国家教育制度的活动。

3. A，解析：《宪法》第37条规定，中华人民共和国公民的人身自由不受侵犯。任何公民，非经人民检察院批准或者决定或者人民法院决定，并由公安机关执行，不受逮捕。禁止非法拘禁和以其他方法非法剥夺或者限制公民的人身自由，禁止非法搜查公民的身体。

4. D，解析：《宪法》第44条规定，国家依照法律规定实行企业事业组织的职工和国家机关工作人员的退休制度。退休人员的生活受到国家和社会的保障。

5. D，解析：《宪法》第56条规定，中华人民共和国公民有依照法律纳税的义务。

6. B，解析：《宪法》第87条规定，国务院每届任期同全国人民代表大会每届任期相同。总理、副总理、国务委员连续任职不得超过两届。

7. C，解析：《宪法》第93条规定，中华人民共和国中央军事委员会领导全国武装力量。中央军事委员会由下列人员组成：主席，副主席若干人，委员若干人。中央军事委员会实行主席负责制。中央军事委员会每届任期同全国人民代表大会每届任期相同。

8. A，解析：《宪法》第96条规定，地方各级人民代表大会是地方国家权力机关。县级以上的地方各级人民代表大会设立常务委员会。

9. B，解析：《宪法》第96条规定，地方各级人民代表大会是地方国家权力机关。县级以上的地方各级人民代表大会设立常务委员会。

10. D，解析：《宪法》第97条规定，省、直辖市、设区的市的人民代表大会代表由下一级的人民代表大会选举；县、不设区的市、市辖区、乡、民族乡、镇的人民代表大会代表由选民直接选举。地方各级人民代表大会代表名额和代表产生办法由法律。

11. C，解析：《宪法》第 98 条规定，地方各级人民代表大会每届任期 5 年。
12. B，解析：《宪法》第 99 条第 3 款规定，民族乡的人民代表大会可以依照法律规定的权限采取适合民族特点的具体措施。
13. A，解析：《宪法》第 101 条第 1 款规定，地方各级人民代表大会分别选举并且有权罢免本级人民政府的省长和副省长、市长和副市长、县长和副县长、区长和副区长、乡长和副乡长、镇长和副镇长。
14. B，解析：《宪法》第 125 条规定，中华人民共和国国家监察委员会是最高监察机关。国家监察委员会领导地方各级监察委员会的工作，上级监察委员会领导下级监察委员会的工作。

（三）多项选择题

1. ABCD，解析：《宪法》第 8 条第 1 款规定，农村集体经济组织实行家庭承包经营为基础、统分结合的双层经营体制。农村中的生产、供销、信用、消费等各种形式的合作经济，是社会主义劳动群众集体所有制经济。参加农村集体经济组织的劳动者，有权在法律规定的范围内经营自留地、自留山、家庭副业和饲养自留畜。
2. ABCD，解析：《宪法》第 8 条第 2 款规定，城镇中的手工业、工业、建筑业、运输业、商业、服务业等行业的各种形式的合作经济，都是社会主义劳动群众集体所有制经济。
3. ABCD，解析：《宪法》第 35 条规定，中华人民共和国公民有言论、出版、集会、结社、游行、示威的自由。
4. ACD，解析：《宪法》第 38 条规定，中华人民共和国公民的人格尊严不受侵犯。禁止用任何方法对公民进行侮辱、诽谤和诬告陷害。
5. BC，解析：《宪法》第 40 条规定，中华人民共和国公民的通信自由和通信秘密受法律的保护。除因国家安全或者追查刑事犯罪的需要，由公安机关或者检察机关依照法律规定的程序对通信进行检查外，任何组织或者个人不得以任何理由侵犯公民的通信自由和通信秘密。
6. AD，解析：《宪法》第 45 条第 1 款规定，中华人民共和国公民在年老、疾病或者丧失劳动能力的情况下，有从国家和社会获得物质帮助的权利。国家发展为公民享受这些权利所需要的社会保险、社会救济和医疗卫生事业。

7. BCD，解析：《宪法》第 49 条规定，婚姻、家庭、母亲和儿童受国家的保护。夫妻双方有实行计划生育的义务。父母有抚养教育未成年子女的义务，成年子女有赡养扶助父母的义务。禁止破坏婚姻自由，禁止虐待老人、妇女和儿童。
8. AB，解析：《宪法》第 50 条规定，中华人民共和国保护华侨的正当的权利和利益，保护归侨和侨眷的合法的权利和利益。
9. ABD，解析：《宪法》第 51 条规定，中华人民共和国公民在行使自由和权利的时候，不得损害国家的、社会的、集体的利益和其他公民的合法的自由和权利。
10. ABCD，解析：《宪法》第 52、53、54、55 条分别规定，中华人民共和国公民有维护国家统一和全国各民族团结的义务。中华人民共和国公民必须遵守宪法和法律，保守国家秘密，爱护公共财产，遵守劳动纪律，遵守公共秩序，尊重社会公德。中华人民共和国公民有维护祖国的安全、荣誉和利益的义务，不得有危害祖国的安全、荣誉和利益的行为。保卫祖国、抵抗侵略是中华人民共和国每一个公民的神圣职责。依照法律服兵役和参加民兵组织是中华人民共和国公民的光荣义务。
11. CD，解析：《宪法》第 89 条规定："国务院行使下列职权：（一）根据宪法和法律，规定行政措施，制定行政法规，发布决定和命令；（二）向全国人民代表大会或者全国人民代表大会常务委员会提出议案；（三）规定各部和各委员会的任务和职责，统一领导各部和各委员会的工作，并且领导不属于各部和各委员会的全国性的行政工作；（四）统一领导全国地方各级国家行政机关的工作，规定中央和省、自治区、直辖市的国家行政机关的职权的具体划分；（五）编制和执行国民经济和社会发展计划和国家预算；（六）领导和管理经济工作和城乡建设、生态文明建设；（七）领导和管理教育、科学、文化、卫生、体育和计划生育工作；（八）领导和管理民政、公安、司法行政等工作；（九）管理对外事务，同外国缔结条约和协定；（十）领导和管理国防建设事业；（十一）领导和管理民族事务，保障少数民族的平等权利和民族自治地方的自治权利；（十二）保护华侨的正当的权利和利益，保护归侨和侨眷的合法的权利和利益；（十三）改变或者撤销各部、各委员会发布的不适当的命令、指示和规章；（十四）改变或者撤销地方各级国家行政机关的不适当的决定和命令；（十五）批准省、自治区、直辖市的区域划分，批准自治州、县、自治县、市的建置和区域划分；（十六）依照法律规定决定省、自治区、直辖市的范围内部分地区进入紧急状态；（十七）审定行政机构的编制，依照法律规定任免、培训、考核和奖惩行政人员；（十八）全国人民代表大会和全国人民代表大会常务委员会授予的其他职权。”

12. BC，解析：《宪法》第94条规定，中央军事委员会主席对全国人民代表大会和全国人民代表大会常务委员会负责。

13. ABCD，解析：《宪法》第103条第3款规定，县级以上的地方各级人民代表大会常务委员会的组成人员不得担任国家行政机关、监察机关、审判机关和检察机关的职务。

14. BC，解析：《宪法》第127条第2款规定，监察机关办理职务违法和职务犯罪案件，应当与审判机关、检察机关、执法部门互相配合，互相制约。

15. BCD，解析：《宪法》第128条规定，中华人民共和国人民法院是国家的审判机关。第123条规定，中华人民共和国各级监察委员会是国家的监察机关。第112条规定，民族自治地方的自治机关是自治区、自治州、自治县的人民代表大会和人民政府。

（四）填空题

1. 权力。（《宪法》第2条第1款）
2. 家庭承包经营为基础、统分结合。（《宪法》第8条第1款）
3. 使用权。（《宪法》第10条第4款）
4. 中华人民共和国国籍。（《宪法》第33条第1款）
5. 依照法律被剥夺政治权利。（《宪法》第34条）
6. 全国人民代表大会代表。（《宪法》第75条）
7. 总理。（《宪法》第88条）
8. 审计机关。（《宪法》第91条第1款）
9. 全国人民代表大会。（《宪法》第92条）
10. 中央军事委员会。（《宪法》第93条）
11. 自治机关。（《宪法》第95条）
12. 全国人民代表大会常务委员会。（《宪法》第100条第1款）
13. 执行机关。（《宪法》第105条第1款）
14. 人民政府。（《宪法》第107条第3款）
15. 国家计划。（《宪法》第118条第1款）
16. 公安部队。（《宪法》第120条）

17. 五星红旗；《义勇军进行曲》。（《宪法》第141条）

（五）简答题

1. 答：《宪法》第86条规定，国务院由下列人员组成：总理，副总理若干人，国务委员若干人，各部部长，各委员会主任，审计长，秘书长。国务院实行总理负责制。各部、各委员会实行部长、主任负责制。国务院的组织由法律。

2. 答：《宪法》第89条规定："国务院行使下列职权：（一）根据宪法和法律，规定行政措施，制定行政法规，发布决定和命令；（二）向全国人民代表大会或者全国人民代表大会常务委员会提出议案；（三）规定各部和各委员会的任务和职责，统一领导各部和各委员会的工作，并且领导不属于各部和各委员会的全国性的行政工作；（四）统一领导全国地方各级国家行政机关的工作，规定中央和省、自治区、直辖市的国家行政机关的职权的具体划分；（五）编制和执行国民经济和社会发展计划和国家预算；（六）领导和管理经济工作和城乡建设、生态文明建设；（七）领导和管理教育、科学、文化、卫生、体育和计划生育工作；（八）领导和管理民政、公安、司法行政等工作；（九）管理对外事务，同外国缔结条约和协定；（十）领导和管理国防建设事业；（十一）领导和管理民族事务，保障少数民族的平等权利和民族自治地方的自治权利；（十二）保护华侨的正当的权利和利益，保护归侨和侨眷的合法的权利和利益；（十三）改变或者撤销各部、各委员会发布的不适当的命令、指示和规章；（十四）改变或者撤销地方各级国家行政机关的不适当的决定和命令；（十五）批准省、自治区、直辖市的区域划分，批准自治州、县、自治县、市的建置和区域划分；（十六）依照法律规定决定省、自治区、直辖市的范围内部分地区进入紧急状态；（十七）审定行政机构的编制，依照法律规定任免、培训、考核和奖惩行政人员；（十八）全国人民代表大会和全国人民代表大会常务委员会授予的其他职权。"

二、民法典

（一）判断题

1. 依法负担被监护人抚养费、赡养费、扶养费的父母、子女、配偶等，被人民法院撤销监护人资格后，可以不履行负担的义务。（　　）
2. 被监护人的父母或者子女被人民法院撤销监护人资格后，不能二次申请监护人资格。（　　）
3. 自然人被宣告死亡但是并未死亡的，该自然人在被宣告死亡期间实施的民事法律行为的效力受到一定影响。（　　）
4. 承包期内发包人可以收回承包地。法律另有规定的，依照其规定。（　　）
5. 住宅建设用地使用权期限届满的，自动续期。续期费用的缴纳或者减免，依照法律、行政法规的规定办理。（　　）
6. 宅基地因自然灾害等原因灭失的，宅基地使用权消灭。对失去宅基地的村民，应当依法重新分配宅基地。（　　）
7. 居住权有偿设立，但是当事人另有约定的除外。设立居住权的，应当向登记机构申请居住权登记。居住权自登记时设立。（　　）
8. 居住权可以转让、继承。设立居住权的住宅不得出租，但是当事人另有约定的除外。（　　）
9. 人格权不得放弃、转让，但可以继承。（　　）
10. 自然人享有健康权。自然人的身心健康受法律保护。任何组织或者个人不得侵害他人的健康权。（　　）
11. 夫妻没有相互继承遗产的权利。（　　）
12. 父母和子女有相互继承遗产的权利。（　　）
13. 离婚后，男女双方自愿恢复婚姻关系的，可以不到婚姻登记机关重新进行结婚登记。（　　）
14. 离婚后，父母对于子女没有抚养、教育、保护的权利和义务。（　　）

15. 无子女的收养人可以收养 2 名子女；有子女的收养人只能收养 1 名子女。(　　)

16. 孤儿或者生父母无力抚养的子女，可以由生父母的亲属、朋友抚养；抚养人与被抚养人的关系也适用本章。(　　)

17. 外国人不能在中华人民共和国收养子女。(　　)

(二) 单项选择题

1. 具有完全民事行为能力的成年人，可以与其近亲属、其他愿意担任监护人的个人或者组织事先协商，以(　　)确定自己的监护人，在自己丧失或者部分丧失民事行为能力时，由该监护人履行监护职责。

A. 口头形式　　B. 第三人见证的方式

C. 书面形式　　D. 公证形式

2. 自然人享有身体权。自然人的身体完整和(　　)受法律保护。任何组织或者个人不得侵害他人的身体权。

A. 身体健康　　B. 行动自由

C. 身体器官　　D. 身体自由

3. 完全民事行为能力人有权依法自主决定无偿捐献其人体细胞、人体组织、人体器官、遗体。任何组织或者个人不得强迫、欺骗、利诱其捐献。完全民事行为能力人依据前款规定同意捐献的，应当采用书面形式，也可以(　　)。

A. 订立遗嘱　　B. 采取口头形式

C. 第三人见证　　D. 采用公证形式

4. 夫妻双方平等享有对未成年子女抚养、教育和保护的权利，(　　)对未成年子女抚养、教育和保护的义务。

A. 分别承担　　B. 按婚前协议承担

C. 按比例承担　　D. 共同承担

5. 夫妻有(　　)的义务。需要扶养的一方，在另一方不履行扶养义务时，有要求其给付扶养费的权利。

A. 相互抚养　　B. 相互扶养

C. 相互赡养　　D. 相互扶助

6. (　　)的祖父母、外祖父母，对于父母已经死亡或者父母无力抚养的未成年孙子女、外孙子女，有抚养的义务。

A. 有劳动能力　　B. 有经济能力

C. 有负担能力　　D. 有义务能力

7. 未成年人的父母均不具备完全民事行为能力且(　　)的，该未成年人的监护人可以将其送养。

A. 可能对未成年人身心健康造成损害

B. 可能无法为未成年人提供基本生活保障

C. 年事已高

D. 可能严重危害该未成年人

8. 监护人送养孤儿的，应当征得(　　)同意。

A. 人民政府民政部门　　B. 有抚养义务的人

C. 儿童福利机构　　D. 当地居委会或村委会

9. 收养应当向县级以上(　　)登记。收养关系自登记之日起成立。

A. 人民政府民政部门　　B. 儿童福利机构

C. 公安机关　　D. 司法部门

10. 收养关系成立后，(　　)应当按照国家有关规定为被收养人办理户口登记。

A. 人民政府民政部门　　B. 儿童福利机构

C. 公安机关　　D. 司法部门

11. 配偶一方死亡，另一方送养未成年子女的，(　　)有优先抚养的权利。

A. 死亡一方的兄弟姐妹

B. 死亡一方的父母

C. 死亡一方的三代以内旁系血亲

D. 死亡一方的近亲属

12. (　　)要求解除收养关系的，养父母可以要求生父母适当补偿收养期间支出的抚养费；但是，因养父母虐待、遗弃养子女而解除收养关系的除外。

A. 生父母　　B. 养父母

C. 养子女　　D. 人民政府民政部门

13. 下列说法正确的是：(　　)

A. 继承从遗嘱订立时开始

B. 相互有继承关系的数人在同一事件中死亡，难以确定死亡时间的，推定没有其他继承人的人先死亡

C. 都有其他继承人，辈份不同的，推定后辈先死亡

D. 辈份相同的，推定同时死亡，相互发生继承

(三) 多项选择题

1. 失踪人的财产由其(　　)或者其他愿意担任财产代管人的人代管。代管有争议，没有前款规定的人，或者前款规定的人无代管能力的，由人民法院指定的人代管。

A. 配偶　　B. 监护人

C. 成年子女　　D. 父母

2. 征收集体所有的土地，应当依法及时足额支付(　　)以及农村村民住宅、其他地上附着物和青苗等的补偿费用，并安排被征地农民的社会保障费用，保障被征地农民的生活，维护被征地农民的合法权益。征收组织、个人的房屋以及其他不动产，应当依法给予征收补偿，维护被征收人的合法权益；征收个人住宅的，还应当保障被征收人的居住条件。

A. 土地补偿费　　B. 老年人生活补助费

C. 安置补助费　　D. 老年人精神补助费

3. 土地承包经营权人依法对其承包经营的耕地、林地、草地等享有(　　)的权利，有权从事种植业、林业、畜牧业等农业生产。

A. 处分　　B. 占有

C. 使用　　D. 收益

4. 居住权人有权按照合同约定，对他人的住宅享有(　　)的用益物权，以满足生活居住的需要。

A. 收益　　B. 占有

C. 处分　　D. 使用

5. (　　)的，居住权消灭。居住权消灭的，应当及时办理注销登记。

A. 居住权期限届满　　B. 居住权经合同约定转移的

C. 居住权人死亡　　D. 居住权被继承的

6. 人格权是民事主体享有的(　　)、名称权、肖像权、名誉权、荣誉权、隐私权等权利。除前款规定的人格权外，自然人享有基于人身自由、人格尊严产生的其他人格权益。

A. 生命权　　B. 身体权
C. 健康权　　D. 姓名权

7. 死者的姓名、肖像、(　　)等受到侵害的，其配偶、子女、父母有权依法请求行为人承担民事责任；死者没有配偶、子女且父母已经死亡的，其他近亲属有权依法请求行为人承担民事责任。

A. 名誉　　B. 荣誉
C. 隐私　　D. 遗体

8. 婚姻家庭受国家保护。实行婚姻自由、一夫一妻、男女平等的婚姻制度。保护(　　)的合法权益。

A. 妇女　　B. 未成年人
C. 老年人　　D. 残疾人

9. 家庭应当树立优良家风，弘扬家庭美德，重视家庭文明建设。夫妻应当互相忠实，互相尊重，互相关爱；家庭成员应当敬老爱幼，互相帮助，维护(　　)的婚姻家庭关系。

A. 平等　　B. 和睦
C. 自由　　D. 文明

10. 子女应当尊重父母的婚姻权利，不得干涉父母(　　)以及婚后的生活。子女对父母的赡养义务，不因父母的婚姻关系变化而终止。

A. 离婚　　B. 恋爱
C. 再婚　　D. 结婚

11. 夫妻一方在婚姻关系存续期间以个人名义超出家庭日常生活需要所负的债务，不属于夫妻共同债务；但是，债权人能够证明该债务用于夫妻(　　)或者基于夫妻双方共同意思表示的除外。

A. 共同花费　　B. 共同支出
C. 共同生活　　D. 共同生产经营

12. 有(　　)情形之一、导致离婚的，无过错方有权请求损害赔偿。

A. 重婚　　B. 与他人同居

C. 实施家庭暴力　　D. 虐待、遗弃家庭成员

13. 夫妻一方隐藏、(　　)夫妻共同财产，或者伪造夫妻共同债务企图侵占另一方财产的，在离婚分割夫妻共同财产时，对该方可以少分或者不分。离婚后，另一方发现有上述行为的，可以向人民法院提起诉讼，请求再次分割夫妻共同财产。

A. 转移　　B. 变卖

C. 毁损　　D. 挥霍

14. 收养关系解除后，经养父母抚养的成年养子女，对缺乏劳动能力又缺乏生活来源的养父母，应当给付生活费。因养子女成年后(　　)养父母而解除收养关系的，养父母可以要求养子女补偿收养期间支出的抚养费。

A. 虐待　　B. 辱骂

C. 家暴　　D. 遗弃

(四) 填空题

1. 土地承包经营权自____时设立。登记机构应当向土地承包经营权人发放土地承包经营权证、林权证等证书，并登记造册，确认土地承包经营权。
2. 土地承包经营权人依照法律规定，有权将土地承包经营权互换、转让。未经依法批准，不得将承包地用于____。
3. 无效的或者被撤销的婚姻自始没有法律约束力，当事人不具有夫妻的权利和义务。同居期间所得的财产，由当事人协议处理；协议不成的，由人民法院根据____判决。
4. 成年子女不履行赡养义务的，____或者生活困难的父母，有要求成年子女给付赡养费的权利。
5. 夫妻双方自愿离婚的，应当签订书面离婚协议，并亲自到婚姻登记机关申请离婚登记。离婚协议应当载明____的意思表示和对子女抚养、财产以及债务处理等事项协商一致的意见。
6. 亲属包括配偶、血亲和姻亲。配偶、父母、子女、兄弟姐妹、祖父母、外祖父母、孙子女、外孙子女为____。配偶、父母、子女和其他共同生活的近亲属为____。

7. 离婚后，不满2周岁的子女，以由____为原则。已满2周岁的子女，父母双方对抚养问题协议不成的，由人民法院根据双方的具体情况，按照最有利于未成年子女的原则判决。子女已满8周岁的，应当尊重其真实意愿。
8. 父或者母探望子女，不利于____的，由人民法院依法中止探望；中止的事由消失后，应当恢复探望。
9. 离婚时，夫妻的共同财产由双方协议处理；协议不成的，由人民法院根据财产的具体情况，按照照顾子女、女方和无过错方权益的原则判决。对夫或者妻在____中享有的权益等，应当依法予以保护。
10. 夫妻一方因抚育子女、照料____、协助另一方工作等负担较多义务的，离婚时有权向另一方请求补偿，另一方应当给予补偿。具体办法由双方协议；协议不成的，由人民法院判决。
11. 离婚时，如果一方____，有负担能力的另一方应当给予适当帮助。具体办法由双方协议；协议不成的，由人民法院判决。
12. 无配偶者收养异性子女的，收养人与被收养人的年龄应当相差____周岁以上。
13. 收养人收养与送养人送养，应当双方自愿。收养8周岁以上未成年人的，应当____。
14. 收养关系解除后，养子女与养父母以及其他近亲属间的权利义务关系即行消除，与生父母以及其他近亲属间的权利义务关系____。

（五）简答题

1. 无民事行为能力或者限制民事行为能力的成年人，由哪些有监护能力的人按顺序担任监护人？
2. 监护人有哪些情形时，人民法院可以根据有关个人或者组织的申请，撤销其监护人资格？
3. 根据《民法典》的规定，设立居住权，当事人应当采用书面形式订立居住权合同。居住权合同一般包括哪些条款？
4. 夫妻共有财产包含哪些内容？
5. 简述人民法院应当准予离婚的情形。

6. 简述收养人应当同时具备的条件。

参考答案

(一)判断题

1. ×,解析:《民法典》第37条规定,依法负担被监护人抚养费、赡养费、扶养费的父母、子女、配偶等,被人民法院撤销监护人资格后,应当继续履行负担的义务。
2. ×,解析:《民法典》第38条规定,被监护人的父母或者子女被人民法院撤销监护人资格后,除对被监护人实施故意犯罪的外,确有悔改表现的,经其申请,人民法院可以在尊重被监护人真实意愿的前提下,视情况恢复其监护人资格,人民法院指定的监护人与被监护人的监护关系同时终止。
3. ×,解析:《民法典》第49条规定,自然人被宣告死亡但是并未死亡的,不影响该自然人在被宣告死亡期间实施的民事法律行为的效力。
4. ×,解析:《民法典》第337条规定,承包期内发包人不得收回承包地。法律另有规定的,依照其规定。
5. √,解析:《民法典》第359条第1款。
6. √,解析:《民法典》第364条。
7. ×,解析:《民法典》第368条规定,居住权无偿设立,但是当事人另有约定的除外。设立居住权的,应当向登记机构申请居住权登记。居住权自登记时设立。
8. ×,解析:《民法典》第369条规定,居住权不得转让、继承。设立居住权的住宅不得出租,但是当事人另有约定的除外。
9. ×,解析:《民法典》第992条规定,人格权不得放弃、转让或者继承。
10. √,解析:《民法典》第1004条。
11. ×,解析:《民法典》第1061条规定,夫妻有相互继承遗产的权利。
12. √,解析:《民法典》第1070条。
13. ×,解析:《民法典》第1083条规定,离婚后,男女双方自愿恢复婚姻关系的,应当到婚姻登记机关重新进行结婚登记。
14. ×,解析:《民法典》第1084条规定,父母与子女间的关系,不因父母离婚而消除。离婚后,子女无论由父或者母直接抚养,仍是父母双方的子女。离婚后,父母对于子女仍有抚养、教育、保护的权利和义务。离婚后,不满2

周岁的子女，以由母亲直接抚养为原则。已满两周岁的子女，父母双方对抚养问题协议不成的，由人民法院根据双方的具体情况，按照最有利于未成年子女的原则判决。子女已满 8 周岁的，应当尊重其真实意愿。

15. √，解析：《民法典》第 1100 条。

16. ×，解析：《民法典》第 1107 条规定，孤儿或者生父母无力抚养的子女，可以由生父母的亲属、朋友抚养；抚养人与被抚养人的关系不适用本章。

17. ×，解析：《民法典》第 1109 条规定，外国人依法可以在中华人民共和国收养子女。

（二）单项选择题

1. C，解析：《民法典》第 33 条规定，具有完全民事行为能力的成年人，可以与其近亲属、其他愿意担任监护人的个人或者组织事先协商，以书面形式确定自己的监护人，在自己丧失或者部分丧失民事行为能力时，由该监护人履行监护职责。

2. B，解析：《民法典》第 1003 条规定，自然人享有身体权。自然人的身体完整和行动自由受法律保护。任何组织或者个人不得侵害他人的身体权。

3. A，解析：《民法典》第 1006 条规定，完全民事行为能力人有权依法自主决定无偿捐献其人体细胞、人体组织、人体器官、遗体。任何组织或者个人不得强迫、欺骗、利诱其捐献。完全民事行为能力人依据前款规定同意捐献的，应当采用书面形式，也可以订立遗嘱。自然人生前未表示不同意捐献的，该自然人死亡后，其配偶、成年子女、父母可以共同决定捐献，决定捐献应当采用书面形式。

4. D，解析：《民法典》第 1058 条规定，夫妻双方平等享有对未成年子女抚养、教育和保护的权利，共同承担对未成年子女抚养、教育和保护的义务。

5. B，解析：《民法典》第 1059 条规定，夫妻有相互扶养的义务。需要扶养的一方，在另一方不履行扶养义务时，有要求其给付扶养费的权利。

6. C，解析：《民法典》第 1074 条第 1 款规定，有负担能力的祖父母、外祖父母，对于父母已经死亡或者父母无力抚养的未成年孙子女、外孙子女，有抚养的义务。

7. D，解析：《民法典》第 1095 条规定，未成年人的父母均不具备完全民事行为能力且可能严重危害该未成年人的，该未成年人的监护人可以将其送养。

8. B，解析：《民法典》第 1096 条规定，监护人送养孤儿的，应当征得有抚养义务的人同意。有抚养义务的人不同意送养、监护人不愿意继续履行监护职责的，应当依照本法第一编的规定另行确定监护人。

9. A，解析：《民法典》第 1105 条第 1 款规定，收养应当向县级以上人民政府民政部门登记。收养关系自登记之日起成立。

10. C，解析：《民法典》第 1106 条规定，收养关系成立后，公安机关应当按照国家有关规定为被收养人办理户口登记。

11. B，解析：《民法典》第 1108 条规定，配偶一方死亡，另一方送养未成年子女的，死亡一方的父母有优先抚养的权利。

12. A，解析：《民法典》第 1118 条第 2 款规定，生父母要求解除收养关系的，养父母可以要求生父母适当补偿收养期间支出的抚养费；但是，因养父母虐待、遗弃养子女而解除收养关系的除外。

13. B，解析：《民法典》第 1121 条规定，继承从被继承人死亡时开始。相互有继承关系的数人在同一事件中死亡，难以确定死亡时间的，推定没有其他继承人的人先死亡。都有其他继承人，辈份不同的，推定长辈先死亡；辈份相同的，推定同时死亡，相互不发生继承。

（三）多项选择题

1. ACD，解析：《民法典》第 42 条规定，失踪人的财产由其配偶、成年子女、父母或者其他愿意担任财产代管人的人代管。代管有争议，没有前款规定的人，或者前款规定的人无代管能力的，由人民法院指定的人代管。

2. AC，解析：《民法典》第 243 条规定，为了公共利益的需要，依照法律规定的权限和程序可以征收集体所有的土地和组织、个人的房屋以及其他不动产。征收集体所有的土地，应当依法及时足额支付土地补偿费、安置补助费以及农村村民住宅、其他地上附着物和青苗等的补偿费用，并安排被征地农民的社会保障费用，保障被征地农民的生活，维护被征地农民的合法权益。征收组织、个人的房屋以及其他不动产，应当依法给予征收补偿，维护被征收人的合法权益；征收个人住宅的，还应当保障被征收人的居住条件。任何组织或者个人不得贪污、挪用、私分、截留、拖欠征收补偿费等费用。

3. BCD，解析：《民法典》第 331 条规定，土地承包经营权人依法对其承包经营的耕地、林地、草地等享有占有、使用和收益的权利，有权从事种植业、林业、畜牧业等农业生产。

4. BD，解析：《民法典》第 366 条规定，居住权人有权按照合同约定，对他人的住宅享有占有、使用的用益物权，以满足生活居住的需要。

5. AC，解析：《民法典》第 370 条规定，居住权期限届满或者居住权人死亡的，居住权消灭。居住权消灭的，应当及时办理注销登记。

6. ABCD，解析：《民法典》第 990 条规定，人格权是民事主体享有的生命权、身体权、健康权、姓名权、名称权、肖像权、名誉权、荣誉权、隐私权等权利。除前款规定的人格权外，自然人享有基于人身自由、人格尊严产生的其他人格权益。
7. ABCD，解析：《民法典》第 994 条规定，死者的姓名、肖像、名誉、荣誉、隐私、遗体等受到侵害的，其配偶、子女、父母有权依法请求行为人承担民事责任；死者没有配偶、子女且父母已经死亡的，其他近亲属有权依法请求行为人承担民事责任。
8. ABCD，解析：《民法典》第 1041 条规定，婚姻家庭受国家保护。实行婚姻自由、一夫一妻、男女平等的婚姻制度。保护妇女、未成年人、老年人、残疾人的合法权益。
9. ABD，解析：《民法典》第 1043 条规定，家庭应当树立优良家风，弘扬家庭美德，重视家庭文明建设。夫妻应当互相忠实，互相尊重，互相关爱；家庭成员应当敬老爱幼，互相帮助，维护平等、和睦、文明的婚姻家庭关系。
10. AC，解析：《民法典》第 1069 条规定，子女应当尊重父母的婚姻权利，不得干涉父母离婚、再婚以及婚后的生活。子女对父母的赡养义务，不因父母的婚姻关系变化而终止。
11. CD，解析：《民法典》第 1064 条第 2 款规定，夫妻一方在婚姻关系存续期间以个人名义超出家庭日常生活需要所负的债务，不属于夫妻共同债务；但是，债权人能够证明该债务用于夫妻共同生活、共同生产经营或者基于夫妻双方共同意思表示的除外。
12. ABCD，解析：《民法典》第 1091 条规定："有下列情形之一，导致离婚的，无过错方有权请求损害赔偿：（一）重婚；（二）与他人同居；（三）实施家庭暴力；（四）虐待、遗弃家庭成员；（五）有其他重大过错。"
13. ABCD，解析：《民法典》第 1092 条规定，夫妻一方隐藏、转移、变卖、毁损、挥霍夫妻共同财产，或者伪造夫妻共同债务企图侵占另一方财产的，在离婚分割夫妻共同财产时，对该方可以少分或者不分。离婚后，另一方发现有上述行为的，可以向人民法院提起诉讼，请求再次分割夫妻共同财产。
14. AD，解析：《民法典》第 1118 条第 1 款规定，收养关系解除后，经养父母抚养的成年养子女，对缺乏劳动能力又缺乏生活来源的养父母，应当给付生活费。因养子女成年后虐待、遗弃养父母而解除收养关系的，养父母可以要求养子女补偿收养期间支出的抚养费。

（四）填空题

1. 土地承包经营权合同生效。（《民法典》第 333 条）
2. 非农建设。（《民法典》第 334 条）
3. 照顾无过错方的原则。（《民法典》第 1054 条第 1 款）
4. 缺乏劳动能力。（《民法典》第 1067 条第 2 款）
5. 双方自愿离婚。（《民法典》第 1076 条）
6. 近亲属；家庭成员。（《民法典》第 1045 条）
7. 母亲直接抚养。（《民法典》第 1084 条）
8. 子女身心健康。（《民法典》第 1086 条第 3 款）
9. 家庭土地承包经营。（《民法典》第 1087 条）
10. 老年人。（《民法典》第 1088 条）
11. 生活困难。（《民法典》第 1090 条）
12. 40。（《民法典》第 1102 条）
13. 征得被收养人的同意。（《民法典》第 1104 条）
14. 自行恢复。（《民法典》第 1117 条）

（五）简答题

1. 答：《民法典》第 28 规定："无民事行为能力或者限制民事行为能力的成年人，由下列有监护能力的人按顺序担任监护人：（一）配偶；（二）父母、子女；（三）其他近亲属；（四）其他愿意担任监护人的个人或者组织，但是须经被监护人住所地的居民委员会、村民委员会或者民政部门同意。"
2. 答：《民法典》第 36 条规定："监护人有下列情形之一的，人民法院根据有关个人或者组织的申请，撤销其监护人资格，安排必要的临时监护措施，并按照最有利于被监护人的原则依法指定监护人：（一）实施严重损害被监护人身心健康的行为；（二）怠于履行监护职责，或者无法履行监护职责且拒绝将监护职责部分或者全部委托给他人，导致被监护人处于危困状态；（三）实施严重侵害被监护人合法权益的其他行为。本条规定的有关个人、组织包括：其他依法具有监护资格的人，居民委员会、村民委员会、学校、医疗机构、妇女联合会、残疾人联合会、未成年人保护组织、依法设立的老年人组织、民政部门等。前款规定的个人和民政部门以外的组织未及时向人民法院申请撤销监护人资格的，民政部门应当向人民法院申请。"

3. 答：《民法典》第367条规定：“设立居住权，当事人应当采用书面形式订立居住权合同。居住权合同一般包括下列条款：（一）当事人的姓名或者名称和住所；（二）住宅的位置；（三）居住的条件和要求；（四）居住权期限；（五）解决争议的方法。”

4. 答：《民法典》第1062条规定：“夫妻在婚姻关系存续期间所得的下列财产，为夫妻的共同财产，归夫妻共同所有：（一）工资、奖金、劳务报酬；（二）生产、经营、投资的收益；（三）知识产权的收益；（四）继承或者受赠的财产，但是本法第一千零六十三条第三项规定的除外；（五）其他应当归共同所有的财产。夫妻对共同财产，有平等的处理权。”

5. 答：《民法典》第1079条规定：“夫妻一方要求离婚的，可以由有关组织进行调解或者直接向人民法院提起离婚诉讼。人民法院审理离婚案件，应当进行调解；如果感情确已破裂，调解无效的，应当准予离婚。有下列情形之一，调解无效的，应当准予离婚：（一）重婚或者与他人同居；（二）实施家庭暴力或者虐待、遗弃家庭成员；（三）有赌博、吸毒等恶习屡教不改；（四）因感情不和分居满二年；（五）其他导致夫妻感情破裂的情形。一方被宣告失踪，另一方提起离婚诉讼的，应当准予离婚。经人民法院判决不准离婚后，双方又分居满一年，一方再次提起离婚诉讼的，应当准予离婚。”

6. 答：《民法典》第1098条规定：“收养人应当同时具备下列条件：（一）无子女或者只有一名子女；（二）有抚养、教育和保护被收养人的能力；（三）未患有在医学上认为不应当收养子女的疾病；（四）无不利于被收养人健康成长的违法犯罪记录；（五）年满三十周岁。”

三、老年人权益保障法

（一）判断题

1. 本法所称老年人是指65周岁以上的公民。（　　）
2. 倡导全社会优待老年人。（　　）
3. 保障老年人合法权益是全社会的共同责任。（　　）
4. 基层群众性自治组织和依法设立的老年人组织应当按照各自职责，做好老年人权益保障工作。（　　）
5. 广播、电影、电视、报刊、网络等应当反映老年人的生活，开展维护老年人合法权益的宣传，为老年人服务。（　　）
6. 老年人应当遵纪守法，履行法律规定的义务。（　　）
7. 赡养人可以以放弃继承权或者其他理由，拒绝履行赡养义务。（　　）
8. 不管老年人是否老年人同意，赡养人之间都不可以就履行赡养义务签订协议。（　　）
9. 地方各级人民政府在实施廉租住房、公共租赁住房等住房保障制度或者进行危旧房屋改造时，应当优先照顾符合条件的老年人。（　　）
10. 老年人可以与集体经济组织、基层群众性自治组织、养老机构等组织或者个人签订遗赠扶养协议或者其他扶助协议。（　　）
11. 养老机构登记后即可开展服务活动，并向县级以上人民政府民政部门备案。（　　）
12. 医疗卫生机构可以开展老年人的健康服务和疾病防治工作。（　　）
13. 老年人因其合法权益受侵害提起诉讼交纳诉讼费确有困难的，可以缓交、减交或者免交；需要获得律师帮助，但无力支付律师费用的，可以获得法律援助。（　　）
14. 农村老年人也应承担兴办公益事业的筹劳义务。（　　）

（二）单项选择题

1. 国家进行（　　），增强全社会积极应对人口老龄化意识。

A. 尊老爱幼教育　　B. 人口老龄化教育

C. 人口老龄化社会教育　　D. 人口老龄化国情教育

2. 国家支持（　　），建立老年人状况统计调查和发布制度。

A. 老龄科学研究　　B. 老年人健康状况研究

C. 老年人健康状况监护机制　　D. 老龄需求研究

3. 每年（　　）为老年节。

A. 农历九月初九　　B. 农历十月初十

C. 公历九月九日　　D. 公历十月十日

4. 赡养人应当履行对老年人经济上（　　）、生活上（　　）和精神上（　　）的义务，照顾老年人的特殊需要。

A. 赡养；体贴；交流　　B. 供养；照料；慰藉

C. 扶养；供养；慰藉　　D. 赡养；照料；交流

5. 赡养人是指老年人的子女以及其他依法负有赡养义务的人。赡养人的配偶应当（　　）赡养人履行赡养义务。

A. 共同承担　　B. 辅助

C. 协助　　D. 帮助

6. 老年人自有的住房，赡养人有（　　）的义务。

A. 维修　　B. 打扫

C. 定期检查基本设施　　D. 维护

7. 赡养人有义务耕种或者委托他人耕种老年人承包的田地，照管或者委托他人照管老年人的林木和牲畜等，收益归（　　）所有。

A. 赡养人　　B. 老年人

C. 委托人　　D. 老年人指定的受益人

8. 家庭成员应当关心老年人的（　　），不得忽视、冷落老年人。与老年人分开居住的家庭成员，应当经常看望或者问候老年人。

A. 生活需求　　B. 经济需求

C. 精神需求　　D. 交流需求

9. 赡养人、扶养人不履行赡养、扶养义务的，(　　)、老年人组织或者赡养人、扶养人所在单位应当督促其履行。

A. 人民政府民政部门　　B. 公安机关

C. 司法机关　　D. 基层群众性自治组织

10. 国家通过(　　)，保障老年人的基本医疗需要。

A. 基本养老保险制度　　B. 基本医疗保险制度

C. 基本养老医疗保险制度　　D. 基本医疗养老保险制度

11. 国家逐步开展长期护理保障工作，保障老年人的护理需求。对生活长期不能自理、经济困难的老年人，地方各级人民政府应当根据其失能程度等情况给予(　　)。

A. 养老补贴　　B. 生活补贴

C. 经济补贴　　D. 护理补贴

12. 国家对(　　)的老年人给予基本生活、医疗、居住或者其他救助。

A. 经济困难　　B. 生活困难

C. 自理困难　　D. 居住困难

13. 对流浪乞讨、遭受遗弃等生活无着的老年人，由(　　)依照有关规定给予救助。

A. 地方各级人民政府民政部门　　B. 地方各级人民政府

C. 基层群众性自治组织　　D. 相关社会团体

14. 国家建立和完善老年人福利制度，根据经济社会发展水平和老年人的实际需要，增加老年人的社会福利。国家鼓励地方建立(　　)周岁以上低收入老年人高龄津贴制度。

A. 60　　B. 65

C. 75　　D. 80

15. 国家鼓励高等学校、中等职业学校和职业培训机构设置相关专业或者培训项目，培养(　　)。

A. 养老服务专业人才　　B. 老年服务专业人才

C. 老年教育专业人才　　D. 养老行业专业人才

16. 国家采取措施，加强老年医学的研究和人才培养，提高老年病的预防、治疗、科研水平，促进老年病的(　　)、诊断和治疗。

A. 及时发现　　B. 早期发现

C. 准确发现　　D. 正确发现

17. 对常住在本行政区域内的(　　)老年人给予同等优待。

A. 外地　　B. 外国

C. 残疾　　D. 外埠

18. 医疗机构应当为老年人就医提供方便，对老年人就医予以优先。有条件的地方，可以为老年人设立(　　)，开展巡回医疗、护理、康复、免费体检等服务。提倡为老年人义诊。

A. 家庭医生　　B. 家庭诊所

C. 家庭病床　　D. 家庭诊疗

(三) 多项选择题

1. 国家保障老年人依法享有的权益。老年人有从国家和社会获得物质帮助的权利，有享受社会服务和社会优待的权利，有参与社会发展和共享发展成果的权利。禁止(　　)老年人。

A. 歧视　　B. 侮辱

C. 虐待　　D. 遗弃

2. 积极应对人口老龄化是国家的一项长期战略任务。国家和社会应当采取措施，健全保障老年人权益的各项制度，逐步改善保障老年人生活、健康、安全以及参与社会发展的条件，实现老有所养、(　　)。

A. 老有所医　　B. 老有所为

C. 老有所学　　D. 老有所乐

3. 国家建立和完善以(　　)的社会养老服务体系。

A. 居家为基础　　B. 家庭为单位

C. 社区为依托　　D. 机构为支撑

4. 青少年组织、学校和幼儿园应当对青少年和儿童进行(　　)的道德教育和维护老年人合法权益的法制教育。

A. 尊老　　B. 敬老

C. 养老　　D. 助老

5. 赡养人应当使患病的老年人及时得到(　　)；对经济困难的老年人，应当提供医疗费用。对生活不能自理的老年人，赡养人应当承担照料责任；不能亲自照料的，可以按照老年人的意愿委托他人或者养老机构等照料。

A. 疗养　　B. 治疗

C. 照料　　D. 护理

6. 老年人的婚姻自由受法律保护。子女或者其他亲属不得干涉老年人(　　)的生活。

A. 离婚　　B. 再婚

C. 婚后　　D. 结婚

7. 老年人对个人的财产，依法享有占有、使用、收益和处分的权利，子女或者其他亲属不得干涉，不得以(　　)等方式侵犯老年人的财产权益。

A. 窃取　　B. 哄取

C. 骗取　　D. 强行索取

8. 老年人有依法继承父母、配偶、子女或者其他亲属遗产的权利，有接受赠与的权利。子女或者其他亲属不得(　　)或者损毁应当由老年人继承或者接受赠与的财产。

A. 侵占　　B. 抢夺

C. 转移　　D. 隐匿

9. 老年人(　　)，或者其赡养人和扶养人确无赡养能力或者扶养能力的，由地方各级人民政府依照有关规定给予供养或者救助。

A. 无自理能力　　B. 无劳动能力

C. 无生活来源　　D. 无赡养人和扶养人

10. 地方各级人民政府和有关部门应当采取措施，发展城乡社区养老服务，鼓励、扶持专业服务机构及其他组织和个人，为居家的老年人提供(　　)、心理咨询等多种形式的服务。对经济困难的老年人，地方各级人民政府应当逐步给予养老服务补贴。

A. 生活照料　　B. 紧急救援

C. 医疗护理　　D. 精神慰藉

11. 地方各级人民政府和有关部门、基层群众性自治组织，应当将养老服务设施纳入城乡社区配套设施建设规划，建立适应老年人需要的(　　)等服务设施和网点，就近为老年人提供服务。

A. 生活服务　　B. 文化体育活动
C. 日间照料　　D. 疾病护理与康复

12. 各级人民政府和有关部门在(　　)等方面采取措施，鼓励、扶持企业事业单位、社会组织或者个人兴办、运营养老、老年人日间照料、老年文化体育活动等设施。

A. 财政　　B. 税费
C. 土地　　D. 融资

13. 政府投资兴办的养老机构，应当优先保障经济困难的(　　)等老年人的服务需求。

A. 孤寡　　B. 丧偶
C. 失能　　D. 高龄

14. 各级人民政府和有关部门应当将老年医疗卫生服务纳入城乡医疗卫生服务规划，将老年人健康管理和常见病预防等纳入国家基本公共卫生服务项目。鼓励为老年人提供(　　)等服务。

A. 医疗　　B. 保健
C. 护理　　D. 临终关怀

15. 各级人民政府和有关部门办理(　　)等涉及老年人权益的重大事项时，应当就办理事项是否为老年人的真实意思表示进行询问，并依法优先办理。

A. 监护人变更　　B. 房屋权属关系变更
C. 财产权益变更　　D. 户口迁移

（四）填空题

1. 为了保障____，发展老龄事业，弘扬中华民族敬老、养老、助老的美德，根据宪法，制定本法。
2. 各级人民政府应当将老龄事业纳入国民经济和社会发展规划，将老龄事业经费列入财政预算，建立稳定的____，并鼓励社会各方面投入，使老龄事业与经济、社会协调发展。
3. 国务院制定____。县级以上地方人民政府根据国家老龄事业发展规划，制定本行政区域的老龄事业发展规划和年度计划。

4. 县级以上人民政府负责老龄工作的机构，负责组织、协调、指导、督促有关部门做好____工作。
5. 各级人民政府和有关部门对维护老年人合法权益和敬老、养老、助老成绩显著的组织、家庭或者个人，对____的老年人，按照国家有关规定给予表彰或者奖励。
6. 老年人养老以____为基础，家庭成员应当尊重、关心和照料老年人。
7. 赡养人应当妥善安排老年人的住房，不得强迫老年人居住或者迁居____的房屋。
8. 赡养人不履行赡养义务，老年人有要求赡养人付给____等权利。赡养人不得要求老年人承担力不能及的劳动。
9. 老年人与配偶有____的义务。由兄、姐扶养的弟、妹成年后，有负担能力的，对年老无赡养人的兄、姐有扶养的义务。
10. ____的老年人，可以在近亲属或者其他与自己关系密切、愿意承担监护责任的个人、组织中协商确定自己的监护人。监护人在老年人丧失或者部分丧失民事行为能力时，依法承担监护责任。
11. 国家建立健全家庭养老支持政策，鼓励家庭成员与老年人共同生活或者____，为老年人随配偶或者赡养人迁徙提供条件，为家庭成员照料老年人提供帮助。
12. 国家通过____，保障老年人的基本生活。
13. 农村可以将未承包的集体所有的部分土地、山林、水面、滩涂等作为____，收益供老年人养老。
14. 老年人依法享有的养老金、医疗待遇和其他待遇应当得到保障，有关机构必须____，不得克扣、拖欠或者挪用。
15. 负有扶养义务的组织或者个人按照遗赠扶养协议，承担该老年人生养死葬的义务，享有____的权利。
16. 地方各级人民政府和有关部门应当按照____，将养老服务设施建设纳入城乡规划和土地利用总体规划，统筹安排养老服务设施建设用地及所需物资。

（五）简答题

1. 简述县级以上人民政府民政部门依法履行监督检查职责，可以采取的措施。
2. 简述建设哪些工程时应当符合国家无障碍设施工程的建设标准。
3. 国家为老年人参与社会发展创造条件。根据社会需要和可能，鼓励老年人在自愿和量力的情况下，从事哪些活动？

参考答案

（一）判断题

1. ×，解析：《老年人权益保障法》第 2 条规定，本法所称老年人是指 60 周岁以上的公民。
2. √，解析：《老年人权益保障法》第 5 条第 3 款。
3. √，解析：《老年人权益保障法》第 7 条第 1 款。
4. ×，解析：《老年人权益保障法》第 7 条第 3 款规定，基层群众性自治组织和依法设立的老年人组织应当反映老年人的要求，维护老年人合法权益，为老年人服务。提倡、鼓励义务为老年人服务。
5. √，解析：《老年人权益保障法》第 8 条第 4 款。
6. √，解析：《老年人权益保障法》第 11 条。
7. ×，解析：《老年人权益保障法》第 19 条第 1 款规定，赡养人不得以放弃继承权或者其他理由，拒绝履行赡养义务。
8. ×，解析：《老年人权益保障法》第 20 条规定，经老年人同意，赡养人之间可以就履行赡养义务签订协议。赡养协议的内容不得违反法律的规定和老年人的意愿。基层群众性自治组织、老年人组织或者赡养人所在单位监督协议的履行。
9. √，解析：《老年人权益保障法》第 32 条。
10. √，解析：《老年人权益保障法》第 36 条第 1 款。
11. √，解析：《老年人权益保障法》第 43 条第 3 款。
12. ×，解析：《老年人权益保障法》第 50 条第 3 款规定，医疗卫生机构应当开展老年人的健康服务和疾病防治工作。

13. √，解析：《老年人权益保障法》第56条第1款。
14. ×，解析：《老年人权益保障法》第60条规定，农村老年人不承担兴办公益事业的筹劳义务。

（二）单项选择题

1. D，解析：《老年人权益保障法》第8条第1款规定，国家进行人口老龄化国情教育，增强全社会积极应对人口老龄化意识。
2. A，解析：《老年人权益保障法》第9条规定，国家支持老龄科学研究，建立老年人状况统计调查和发布制度。
3. A，解析：《老年人权益保障法》第12条规定，每年农历九月初九为老年节。
4. B，解析：《老年人权益保障法》第14条第1款规定，赡养人应当履行对老年人经济上供养、生活上照料和精神上慰藉的义务，照顾老年人的特殊需要。
5. C，解析：《老年人权益保障法》第14条规定，赡养人应当履行对老年人经济上供养、生活上照料和精神上慰藉的义务，照顾老年人的特殊需要。赡养人是指老年人的子女以及其他依法负有赡养义务的人。赡养人的配偶应当协助赡养人履行赡养义务。
6. A，解析：《老年人权益保障法》第16条规定，赡养人应当妥善安排老年人的住房，不得强迫老年人居住或者迁居条件低劣的房屋。老年人自有的或者承租的住房，子女或者其他亲属不得侵占，不得擅自改变产权关系或者租赁关系。老年人自有的住房，赡养人有维修的义务。
7. B，解析：《老年人权益保障法》第17条规定，赡养人有义务耕种或者委托他人耕种老年人承包的田地，照管或者委托他人照管老年人的林木和牲畜等，收益归老年人所有。
8. C，解析：《老年人权益保障法》第18条规定，家庭成员应当关心老年人的精神需求，不得忽视、冷落老年人。与老年人分开居住的家庭成员，应当经常看望或者问候老年人。用人单位应当按照国家有关规定保障赡养人探亲休假的权利。
9. D，解析：《老年人权益保障法》第24条规定，赡养人、扶养人不履行赡养、扶养义务的，基层群众性自治组织、老年人组织或者赡养人、扶养人所在单位应当督促其履行。
10. B，解析：《老年人权益保障法》第29条规定，国家通过基本医疗保险制度，保障老年人的基本医疗需要。享受最低生活保障的老年人和符合条件的低收入家庭中的老年人参加新型农村合作医疗和城镇居民基本医疗保险所需个人缴费部分，由政府给予补贴。有关部门制定医疗保险办法，应当对老年人给予照顾。

11. D，解析：《老年人权益保障法》第 30 条规定，国家逐步开展长期护理保障工作，保障老年人的护理需求。对生活长期不能自理、经济困难的老年人，地方各级人民政府应当根据其失能程度等情况给予护理补贴。

12. A，解析：《老年人权益保障法》第 31 条第 1 款规定，国家对经济困难的老年人给予基本生活、医疗、居住或者其他救助。

13. B，解析：《老年人权益保障法》第 31 条第 3 款规定，对流浪乞讨、遭受遗弃等生活无着的老年人，由地方各级人民政府依照有关规定给予救助。

14. D，解析：《老年人权益保障法》第 33 条规定，国家建立和完善老年人福利制度，根据经济社会发展水平和老年人的实际需要，增加老年人的社会福利。国家鼓励地方建立 80 周岁以上低收入老年人高龄津贴制度。国家建立和完善计划生育家庭老年人扶助制度。农村可以将未承包的集体所有的部分土地、山林、水面、滩涂等作为养老基地，收益供老年人养老。

15. A，解析：《老年人权益保障法》第 47 条第 2 款规定，国家鼓励高等学校、中等职业学校和职业培训机构设置相关专业或者培训项目，培养养老服务专业人才。

16. B，解析：《老年人权益保障法》第 51 条规定，国家采取措施，加强老年医学的研究和人才培养，提高老年病的预防、治疗、科研水平，促进老年病的早期发现、诊断和治疗。国家和社会采取措施，开展各种形式的健康教育，普及老年保健知识，增强老年人自我保健意识。

17. D，解析：《老年人权益保障法》第 53 条规定，县级以上人民政府及其有关部门根据经济社会发展情况和老年人的特殊需要，制定优待老年人的办法，逐步提高优待水平。对常住在本行政区域内的外埠老年人给予同等优待。

18. C，解析：《老年人权益保障法》第 57 条规定，医疗机构应当为老年人就医提供方便，对老年人就医予以优先。有条件的地方，可以为老年人设立家庭病床，开展巡回医疗、护理、康复、免费体检等服务。提倡为老年人义诊。

（三）多项选择题

1. ABCD，解析：《老年人权益保障法》第 3 条规定，国家保障老年人依法享有的权益。老年人有从国家和社会获得物质帮助的权利，有享受社会服务和社会优待的权利，有参与社会发展和共享发展成果的权利。禁止歧视、侮辱、虐待或者遗弃老年人。

2. ABCD，解析：《老年人权益保障法》第4条规定，积极应对人口老龄化是国家的一项长期战略任务。国家和社会应当采取措施，健全保障老年人权益的各项制度，逐步改善保障老年人生活、健康、安全以及参与社会发展的条件，实现老有所养、老有所医、老有所为、老有所学、老有所乐。
3. ACD，解析：《老年人权益保障法》第5条第2款规定，国家建立和完善以居家为基础、社区为依托、机构为支撑的社会养老服务体系。
4. BCD，解析：《老年人权益保障法》第8条第3款规定，青少年组织、学校和幼儿园应当对青少年和儿童进行敬老、养老、助老的道德教育和维护老年人合法权益的法制教育。
5. BD，解析：《老年人权益保障法》第15条规定，赡养人应当使患病的老年人及时得到治疗和护理；对经济困难的老年人，应当提供医疗费用。对生活不能自理的老年人，赡养人应当承担照料责任；不能亲自照料的，可以按照老年人的意愿委托他人或者养老机构等照料。
6. ABC，解析：《老年人权益保障法》第21条规定，老年人的婚姻自由受法律保护。子女或者其他亲属不得干涉老年人离婚、再婚及婚后的生活。赡养人的赡养义务不因老年人的婚姻关系变化而消除。
7. ACD，解析：《老年人权益保障法》第22条规定，老年人对个人的财产，依法享有占有、使用、收益和处分的权利，子女或者其他亲属不得干涉，不得以窃取、骗取、强行索取等方式侵犯老年人的财产权益。老年人有依法继承父母、配偶、子女或者其他亲属遗产的权利，有接受赠与的权利。子女或者其他亲属不得侵占、抢夺、转移、隐匿或者损毁应当由老年人继承或者接受赠与的财产。老年人以遗嘱处分财产，应当依法为老年配偶保留必要的份额。
8. ABCD，解析：《老年人权益保障法》第22条规定，老年人对个人的财产，依法享有占有、使用、收益和处分的权利，子女或者其他亲属不得干涉，不得以窃取、骗取、强行索取等方式侵犯老年人的财产权益。老年人有依法继承父母、配偶、子女或者其他亲属遗产的权利，有接受赠与的权利。子女或者其他亲属不得侵占、抢夺、转移、隐匿或者损毁应当由老年人继承或者接受赠与的财产。老年人以遗嘱处分财产，应当依法为老年配偶保留必要的份额。
9. BCD，解析：《老年人权益保障法》第31条第2款规定，老年人无劳动能力、无生活来源、无赡养人和扶养人，或者其赡养人和扶养人确无赡养能力或者扶养能力的，由地方各级人民政府依照有关规定给予供养或者救助。

10. ABCD，解析：《老年人权益保障法》第37条规定，地方各级人民政府和有关部门应当采取措施，发展城乡社区养老服务，鼓励、扶持专业服务机构及其他组织和个人，为居家的老年人提供生活照料、紧急救援、医疗护理、精神慰藉、心理咨询等多种形式的服务。对经济困难的老年人，地方各级人民政府应当逐步给予养老服务补贴。

11. ABCD，解析：《老年人权益保障法》第38条第1款规定，地方各级人民政府和有关部门、基层群众性自治组织，应当将养老服务设施纳入城乡社区配套设施建设规划，建立适应老年人需要的生活服务、文化体育活动、日间照料、疾病护理与康复等服务设施和网点，就近为老年人提供服务。

12. ABCD，解析：《老年人权益保障法》第39条第2款规定，各级人民政府和有关部门在财政、税费、土地、融资等方面采取措施，鼓励、扶持企业事业单位、社会组织或者个人兴办、运营养老、老年人日间照料、老年文化体育活动等设施。

13. ACD，解析：《老年人权益保障法》第41条规定，政府投资兴办的养老机构，应当优先保障经济困难的孤寡、失能、高龄等老年人的服务需求。

14. BCD，解析：《老年人权益保障法》第50条第1款规定，各级人民政府和有关部门应当将老年医疗卫生服务纳入城乡医疗卫生服务规划，将老年人健康管理和常见病预防等纳入国家基本公共卫生服务项目。鼓励为老年人提供保健、护理、临终关怀等服务。

15. BD，解析：《老年人权益保障法》第55条规定，各级人民政府和有关部门办理房屋权属关系变更、户口迁移等涉及老年人权益的重大事项时，应当就办理事项是否为老年人的真实意思表示进行询问，并依法优先办理。

（四）填空题

1. 老年人合法权益。（《老年人权益保障法》第1条）
2. 经费保障机制。（《老年人权益保障法》第6条第1款）
3. 国家老龄事业发展规划。（《老年人权益保障法》第6条第2款）
4. 老年人权益保障。（《老年人权益保障法》第6条第3款）
5. 参与社会发展做出突出贡献。（《老年人权益保障法》第10条）
6. 居家。（《老年人权益保障法》第13条）
7. 条件低劣。（《老年人权益保障法》第16条第1款）
8. 赡养费。（《老年人权益保障法》第19条第2款）

9. 相互扶养。(《老年人权益保障法》第 23 条)
10. 具备完全民事行为能力。(《老年人权益保障法》第 26 条第 1 款)
11. 就近居住。(《老年人权益保障法》第 27 条)
12. 基本养老保险制度。(《老年人权益保障法》第 28 条)
13. 养老基地。(《老年人权益保障法》第 33 条第 4 款)
14. 按时足额支付。(《老年人权益保障法》第 34 条第 1 款)
15. 受遗赠。(《老年人权益保障法》第 36 条第 2 款)
16. 老年人口比例及分布情况。(《老年人权益保障法》第 40 条第 1 款)

(五) 简答题

1. 答:《老年人权益保障法》第 45 条规定:“县级以上人民政府民政部门依法履行监督检查职责,可以采取以下措施:(一) 向养老机构和个人了解情况;(二) 进入涉嫌违法的养老机构进行现场检查;(三) 查阅或者复制有关合同、票据、账簿及其他有关资料;(四) 发现养老机构存在可能危及人身健康和生命财产安全风险的,责令限期改正,逾期不改正的,责令停业整顿。县级以上人民政府民政部门调查养老机构涉嫌违法的行为,应当遵守《中华人民共和国行政强制法》和其他有关法律、行政法规的。”
2. 答:《老年人权益保障法》第 64 条第 1 款规定,国家制定无障碍设施工程建设标准。新建、改建和扩建道路、公共交通设施、建筑物、居住区等,应当符合国家无障碍设施工程建设标准。
3. 答:《老年人权益保障法》第 69 条规定:“国家为老年人参与社会发展创造条件。根据社会需要和可能,鼓励老年人在自愿和量力的情况下,从事下列活动:(一) 对青少年和儿童进行社会主义、爱国主义、集体主义和艰苦奋斗等优良传统教育;(二) 传授文化和科技知识;(三) 提供咨询服务;(四) 依法参与科技开发和应用;(五) 依法从事经营和生产活动;(六) 参加志愿服务、兴办社会公益事业;(七) 参与维护社会治安、协助调解民间纠纷;(八) 参加其他社会活动。”

四、治安管理处罚法

（一）判断题

1. 办理治安案件所查获的毒品、淫秽物品等违禁品，赌具、赌资，吸食、注射毒品的用具以及直接用于实施违反治安管理行为的本人所有的工具，应当收缴，按照规定处理，但对于老年人可以从宽处理。（ ）
2. 违反治安管理所得的财物，追缴退还被侵害人；没有被侵害人的，直接归政府所有。（ ）
3. 70 周岁以上的，违反治安管理，依照本法应当给予行政拘留处罚的，不执行行政拘留处罚。（ ）
4. 组织、胁迫、诱骗不满 16 周岁的人或者残疾人进行恐怖、残忍表演的，情节较轻的，处 5 日以上 10 日以下拘留，并处 200 元以上 500 元以下罚款。（ ）
5. 殴打、伤害残疾人、孕妇、不满 14 周岁的人或者 70 周岁以上的人的，处 5 日以上 10 日以下拘留，并处 200 元以上 500 元以下罚款；情节较轻的，处 5 日以下拘留或者 500 元以下罚款。（ ）
6. 冒充军警人员招摇撞骗的，从重处罚，但 70 周岁以上的老年人可以从轻处罚。（ ）
7. 违反国家规定，在文物保护单位附近进行爆破、挖掘等活动，危及文物安全的，处警告或者 200 元以下罚款；情节较重的，处 5 日以上 10 日以下拘留，并处 200 元以上 500 元以下罚款。（ ）
8. 引诱、容留、介绍他人卖淫的，处 10 日以上 15 日以下拘留，可以并处 5000 元以下罚款；情节较轻的，处 5 日以下拘留，并处 500 元以下罚款。（ ）
9. 饲养动物，干扰他人正常生活的，处警告；警告后不改正的，或者放任动物恐吓他人的，处 200 元以上 500 元以下罚款，但年满 65 周岁的老人年可以免除处罚。（ ）

10. 询问笔录应当交被询问人核对；对没有阅读能力的，应当向其宣读。记载有遗漏或者差错的，被询问人可以提出补充或者更正。被询问人确认笔录无误后，应当签名或者盖章，询问的人民警察也应当在笔录上签名。询问年满 70 周岁的违反治安管理行为人，应当通知其子女、配偶或其他监护人到场。( )

（二）单项选择题

1. 治安管理处罚的程序，适用本法的规定；本法没有规定的，适用(　　)的有关规定。

   A.《中华人民共和国刑法》

   B.《中华人民共和国刑事诉讼法》

   C.《中华人民共和国行政处罚法》

   D.《中华人民共和国宪法》

2. 办理治安案件应当坚持(　　)的原则。

   A. 罪刑法定　　B. 教育与处罚相结合

   C. 罪责刑相适应　　D. 罪刑相适应

3. 违反治安管理的行为对他人造成损害的，行为人或者其(　　)应当依法承担民事责任。

   A. 子女　　B. 配偶

   C. 父母　　D. 监护人

4. 对于因民间纠纷引起的打架斗殴或者损毁他人财物等违反治安管理行为，情节较轻的，(　　)可以调解处理。

   A. 公安机关　　B. 行政机关

   C. 人民政府民政部门　　D. 司法机关

5. 对于因民间纠纷引起的打架斗殴或者损毁他人财物等违反治安管理行为，情节较轻的，经调解未达成协议或者达成协议后不履行的，当事人可以就(　　)依法向人民法院提起诉讼。

   A. 民事争议　　B. 行政争议

   C. 刑事争议　　D. 经济纠纷

6. 精神病人在不能辨认或者不能控制自己行为的时候违反治安管理的，不予处罚，但是应当责令其监护人严加看管和治疗。间歇性的精神病人在精神正常的时候违反治安管理的，(　　)给予处罚。

A. 可以　　B. 必须

C. 仍不　　D. 应当

7. 醉酒的人违反治安管理的，(　　)处罚。醉酒的人在醉酒状态中，对本人有危险或者对他人的人身、财产或者公共安全有威胁的，应当对其采取保护性措施约束至酒醒。

A. 可以减轻　　B. 应当给予

C. 应当从轻　　D. 可以免除

8. 有两种以上违反治安管理行为的，分别决定，合并执行。行政拘留处罚合并执行的，最长不超过(　　)日。

A. 10　　B. 15

C. 20　　D. 25

9. (　　)周岁以上的，违反治安管理，依照本法应当给予行政拘留处罚的，不执行行政拘留处罚。

A. 55　　B. 60

C. 65　　D. 70

10. 以下说法错误的是：(　　)：

A. 结伙斗殴的，处5日以上10日以下拘留，可以并处500元以下罚款

B. 追逐、拦截他人的，处5日以上10日以下拘留，可以并处500元以下罚款

C. 结伙斗殴的，情节较轻的，处10日以上15日以下拘留，可以并处1000元以下罚款

D. 强拿硬要或者任意损毁、占用公私财物的，处5日以上10日以下拘留，可以并处500元以下罚款

11. 组织、胁迫、诱骗不满16周岁的人或者残疾人进行恐怖、残忍表演的，处10日以上(　　)日以下拘留，并处500元以上(　　)元以下罚款

A. 15；1000　　B. 20；700

C. 15；750　　D. 20；1500

12. 房屋出租人明知承租人利用出租房屋进行(　　)，不向公安机关报告

的，处200元以上500元以下罚款；情节严重的，处5日以下拘留，可以并处500元以下罚款。

A. 违法活动　　B. 违反道德活动

C. 犯罪活动　　D. 违反公序良俗活动

（三）多项选择题

1. 扰乱公共秩序，妨害公共安全，侵犯（　　），妨害社会管理，具有社会危害性，依照《中华人民共和国刑法》的规定构成犯罪的，依法追究刑事责任；尚不够刑事处罚的，由公安机关依照本法给予治安管理处罚。

A. 人身权利　　B. 国家利益

C. 集体利益　　D. 财产权利

2. （　　）违反治安管理的，可以从轻、减轻或者不予处罚。

A. 老年人　　B. 盲人

C. 又聋又哑的人　　D. 未成年人

3. 共同违反治安管理的，根据违反治安管理行为人在违反治安管理行为中所起的作用，分别处罚。（　　）他人违反治安管理的，按照其教唆、胁迫、诱骗的行为处罚。

A. 教唆　　B. 欺骗

C. 胁迫　　D. 诱骗

4. 有下列哪些行为之一的，处警告或者200元以下罚款；情节较重的，处5日以上10日以下拘留，可以并处500元以下罚款？（　　）

A. 扰乱机关、团体、企业、事业单位秩序，致使工作、生产、营业、医疗、教学、科研不能正常进行，尚未造成严重损失的

B. 扰乱车站、港口、码头、机场、商场、公园、展览馆或者其他公共场所秩序的

C. 非法拦截或者强登、扒乘机动车、船舶、航空器以及其他交通工具，影响交通工具正常行驶的

D. 破坏依法进行的选举秩序的

5. 有下列哪些行为之一的，处5日以上10日以下拘留，可以并处500元以下罚款；情节较轻的，处5日以下拘留或者500元以下罚款？（　　）

A. 扰乱公共汽车、电车、火车、船舶、航空器或者其他公共交通工具上的秩序的

B. 散布谣言，谎报险情、疫情、警情或者以其他方法故意扰乱公共秩序的

C. 投放虚假的爆炸性、毒害性、放射性、腐蚀性物质或者传染病病原体等危险物质扰乱公共秩序的

D. 扬言实施放火、爆炸、投放危险物质扰乱公共秩序的

6. 根据《治安管理处罚法》，下列说法正确的是：(　　)

A. 组织、教唆、胁迫、诱骗、煽动他人从事邪教、会道门活动或者利用邪教、会道门、迷信活动，扰乱社会秩序、损害他人身体健康的，处10日以上15日以下拘留，可以并处1000元以下罚款

B. 冒用宗教、气功名义进行扰乱社会秩序、损害他人身体健康活动的，情节较轻的，处5日以上10日以下拘留，可以并处500元以下罚款

C. 强拿硬要或者任意损毁、占用公私财物的，情节较轻的，处5日以上10日以下拘留，可以并处500元以下罚款

D. 冒用宗教、气功名义进行扰乱社会秩序、损害他人身体健康活动的，情节较轻的，处5日以上10日以下拘留，可以并处500元以下罚款

7. 关于侵害计算机信息系统的行为，下列说法正确的是：(　　)

A. 违反国家规定，侵入计算机信息系统，造成危害的，处5日以下拘留

B. 违反国家规定，对计算机信息系统功能进行删除、修改、增加、干扰，造成计算机信息系统不能正常运行的，情节较重的，处5日以上10日以下拘留

C. 违反国家规定，对计算机信息系统中存储、处理、传输的数据和应用程序进行删除、修改、增加的，处5日以下拘留

D. 故意制作、传播计算机病毒等破坏性程序，影响计算机信息系统正常运行的，情节较重的，处5日以上10日以下拘留

8. (　　)、运动场、展览馆或者其他供社会公众活动的场所的经营管理人员，违反安全规定，致使该场所有发生安全事故危险，经公安机关责令改正，拒不改正的，处5日以下拘留。

A. 旅馆　　　　B. 饭店

C. 影剧院　　　　　　　　　　　　D. 娱乐场

9. 猥亵他人的，或者在公共场所故意裸露身体，情节恶劣的，处5日以上10日以下拘留；猥亵(　　)或者有其他严重情节的，处10日以上15日以下拘留。

A. 智力残疾人　　　　　　　　　　B. 精神病人

C. 60周岁以上的人　　　　　　　　D. 不满14周岁的人

10. 有下列哪些行为之一的，处10日以上15日以下拘留，可以并处1000元以下罚款；情节较轻的，处5日以上10日以下拘留，可以并处500元以下罚款？(　　)

A. 伪造、变造或者买卖国家机关、人民团体、企业、事业单位或者其他组织的公文、证件、证明文件、印章的

B. 买卖或者使用伪造、变造的国家机关、人民团体、企业、事业单位或者其他组织的公文、证件、证明文件的

C. 买卖或者使用倒卖的车票、船票、航空客票、文艺演出票、体育比赛入场券或者其他有价票证、凭证的

D. 伪造、变造船舶户牌，买卖或者使用伪造、变造的船舶户牌，或者涂改船舶发动机号码的

(四) 填空题

1. 为____，保障公共安全，保护公民、法人和其他组织的合法权益，规范和保障公安机关及其人民警察依法履行治安管理职责，制定本法。
2. 在____发生的违反治安管理行为，除法律有特别规定的外，适用本法。
3. 治安管理处罚必须以事实为依据，与违反治安管理行为的____以及社会危害程度相当。
4. 违反治安管理行为在____个月内没有被公安机关发现的，不再处罚。前款规定的期限，从____起计算；违反治安管理行为有连续或者继续状态的，从行为终了之日起计算。
5. ____或者以其他滋扰他人的方式乞讨的，处5日以下拘留或者警告。
6. 有下列行为之一的，处5日以下拘留或者警告：(1) 虐待家庭成员，被虐待人要求处理的；(2) ____。

7. ____将房屋出租给无身份证件的人居住的，或者不按规定登记承租人姓名、身份证件种类和号码的，处200元以上500元以下罚款。
8. 公安机关及其人民警察办理治安案件，禁止对违反治安管理行为人打骂、____或者侮辱。

（五）简答题

1. 简述治安管理处罚的种类。
2. 简述违反《治安管理处罚法》，减轻处罚或者不予处罚的情形。
3. 简述违反《治安管理处罚法》，从重处罚的情形。
4. 违反治安管理行为人有哪些情形之一的，依照本法应当给予行政拘留处罚的，不执行行政拘留处罚？
5. 有哪些行为之一，扰乱文化、体育等大型群众性活动秩序的，处警告或者200元以下罚款；情节严重的，处5日以上10日以下拘留，可以并处500元以下罚款？

参考答案

（一）判断题

1. ×，解析：《治安管理处罚法》第11条第1款规定，办理治安案件所查获的毒品、淫秽物品等违禁品，赌具、赌资，吸食、注射毒品的用具以及直接用于实施违反治安管理行为的本人所有的工具，应当收缴，按照规定处理。
2. ×，解析：《治安管理处罚法》第11条第2款规定，违反治安管理所得的财物，追缴退还被侵害人；没有被侵害人的，登记造册，公开拍卖或者按照国家有关规定处理，所得款项上缴国库。
3. √，解析：《治安管理处罚法》第21条。
4. √，解析：《治安管理处罚法》第40条。
5. ×，解析：《治安管理处罚法》第43条第1款规定，殴打他人的，或者故意伤害他人身体的，处5日以上10日以下拘留，并处200元以上500元以下罚款；情节较轻的，处5日以下拘留或者500元以下罚款。
6. ×，解析：《治安管理处罚法》第51条规定，冒充国家机关工作人员或者以其他虚假身份招摇撞骗的，处5日以上10日以下拘留，可以并处500元以下罚款；情节较轻的，处5日以下拘留或者500元以下罚款。冒充军警人员招摇撞骗的，从重处罚。

7. √，解析：《治安管理处罚法》第63条。

8. ×，解析：《治安管理处罚法》第67条规定，引诱、容留、介绍他人卖淫的，处10日以上15日以下拘留，可以并处5000元以下罚款；情节较轻的，处5日以下拘留或者500元以下罚款。

9. ×，解析：《治安管理处罚法》第75条第1款规定，饲养动物，干扰他人正常生活的，处警告；警告后不改正的，或者放任动物恐吓他人的，处200元以上500元以下罚款。

10. ×，解析：《治安管理处罚法》第84条规定，询问笔录应当交被询问人核对；对没有阅读能力的，应当向其宣读。记载有遗漏或者差错的，被询问人可以提出补充或者更正。被询问人确认笔录无误后，应当签名或者盖章，询问的人民警察也应当在笔录上签名。被询问人要求就被询问事项自行提供书面材料的，应当准许；必要时，人民警察也可以要求被询问人自行书写。询问不满16周岁的违反治安管理行为人，应当通知其父母或者其他监护人到场。

（二）单项选择题

1. C，解析：《治安管理处罚法》第3条规定，治安管理处罚的程序，适用本法的规定；本法没有规定的，适用《中华人民共和国行政处罚法》的有关。

2. B，解析：《治安管理处罚法》第5条规定，治安管理处罚必须以事实为依据，与违反治安管理行为的性质、情节以及社会危害程度相当。实施治安管理处罚，应当公开、公正，尊重和保障人权，保护公民的人格尊严。办理治安案件应当坚持教育与处罚相结合的原则。

3. D，解析：《治安管理处罚法》第8条规定，违反治安管理的行为对他人造成损害的，行为人或者其监护人应当依法承担民事责任。

4. A，解析：《治安管理处罚法》第9条规定，对于因民间纠纷引起的打架斗殴或者损毁他人财物等违反治安管理行为，情节较轻的，公安机关可以调解处理。经公安机关调解，当事人达成协议的，不予处罚。经调解未达成协议或者达成协议后不履行的，公安机关应当依照本法的规定对违反治安管理行为人给予处罚，并告知当事人可以就民事争议依法向人民法院提起民事诉讼。

5. A，解析：《治安管理处罚法》第9条规定，对于因民间纠纷引起的打架斗殴或者损毁他人财物等违反治安管理行为，情节较轻的，公安机关可以调解处理。经公安机关调解，当事人达成协议的，不予处罚。经调解未达成协议或者达成协议后不履行的，公安机关应当依照本法的规定对违反治安管理行为人给予处罚，并告知当事人可以就民事争议依法向人民法院提起民事诉讼。

6. D，解析：《治安管理处罚法》第13条规定，精神病人在不能辨认或者不能控制自己行为的时候违反治安管理的，不予处罚，但是应当责令其监护人严加看管和治疗。间歇性的精神病人在精神正常的时候违反治安管理的，应当给予处罚。

7. B，解析：《治安管理处罚法》第15条规定，醉酒的人违反治安管理的，应当给予处罚。醉酒的人在醉酒状态中，对本人有危险或者对他人的人身、财产或者公共安全有威胁的，应当对其采取保护性措施约束至酒醒。

8. C，解析：《治安管理处罚法》第16条规定，有两种以上违反治安管理行为的，分别决定，合并执行。行政拘留处罚合并执行的，最长不超过20日。

9. D，解析：《治安管理处罚法》第21条规定："违反治安管理行为人有下列情形之一、依照本法应当给予行政拘留处罚的，不执行行政拘留处罚：（一）已满十四周岁不满十六周岁的；（二）已满十六周岁不满十八周岁，初次违反治安管理的；（三）七十周岁以上的；（四）怀孕或者哺乳自己不满一周岁婴儿的。"

10. C，解析：《治安管理处罚法》第26条规定，有下列行为之一的，处5日以上10日以下拘留，可以并处500元以下罚款；情节较重的，处10日以上15日以下拘留，可以并处1000元以下罚款：（1）结伙斗殴的；（2）追逐、拦截他人的；（3）强拿硬要或者任意损毁、占用公私财物的；（4）其他寻衅滋事行为。

11. A，解析：《治安管理处罚法》第40条规定，有下列行为之一的，处10日以上15日以下拘留，并处500元以上1000元以下罚款；情节较轻的，处5日以上10日以下拘留，并处200元以上500元以下罚款：（1）组织、胁迫、诱骗不满16周岁的人或者残疾人进行恐怖、残忍表演的；（2）以暴力、威胁或者其他手段强迫他人劳动的；（3）非法限制他人人身自由、非法侵入他人住宅或者非法搜查他人身体的。

12. C，解析：《治安管理处罚法》第57条第2款规定，房屋出租人明知承租人利用出租房屋进行犯罪活动，不向公安机关报告的，处200元以上500元以下罚款；情节严重的，处5日以下拘留，可以并处500元以下罚款。

（三）多项选择题

1. AD，解析：《治安管理处罚法》第 2 条规定，扰乱公共秩序，妨害公共安全，侵犯人身权利、财产权利，妨害社会管理，具有社会危害性，依照《中华人民共和国刑法》的规定构成犯罪的，依法追究刑事责任；尚不够刑事处罚的，由公安机关依照本法给予治安管理处罚。
2. BC，解析：《治安管理处罚法》第 14 条规定，盲人或者又聋又哑的人违反治安管理的，可以从轻、减轻或者不予处罚。
3. ACD，解析：《治安管理处罚法》第 17 条规定，共同违反治安管理的，根据违反治安管理行为人在违反治安管理行为中所起的作用，分别处罚。教唆、胁迫、诱骗他人违反治安管理的，按照其教唆、胁迫、诱骗的行为处罚。
4. ABCD，解析：《治安管理处罚法》第 23 条规定，有下列行为之一的，处警告或者 200 元以下罚款；情节较重的，处 5 日以上 10 日以下拘留，可以并处 500 元以下罚款：（1）扰乱机关、团体、企业、事业单位秩序，致使工作、生产、营业、医疗、教学、科研不能正常进行，尚未造成严重损失的；（2）扰乱车站、港口、码头、机场、商场、公园、展览馆或者其他公共场所秩序的；（3）扰乱公共汽车、电车、火车、船舶、航空器或者其他公共交通工具上的秩序的；（4）非法拦截或者强登、扒乘机动车、船舶、航空器以及其他交通工具，影响交通工具正常行驶的；（5）破坏依法进行的选举秩序的。聚众实施前款行为的，对首要分子处 10 日以上 15 日以下拘留，可以并处 1000 元以下罚款。
5. BCD，解析：《治安管理处罚法》第 25 条规定，有下列行为之一的，处 5 日以上 10 日以下拘留，可以并处 500 元以下罚款；情节较轻的，处 5 日以下拘留或者 500 元以下罚款：（1）散布谣言，谎报险情、疫情、警情或者以其他方法故意扰乱公共秩序的；（2）投放虚假的爆炸性、毒害性、放射性、腐蚀性物质或者传染病病原体等危险物质扰乱公共秩序的；（3）扬言实施放火、爆炸、投放危险物质扰乱公共秩序的。
6. ABD，解析：《治安管理处罚法》第 27 条规定，有下列行为之一的，处 10 日以上 15 日以下拘留，可以并处 1000 元以下罚款；情节较轻的，处 5 日以上 10 日以下拘留，可以并处 500 元以下罚款：（1）组织、教唆、胁迫、诱骗、煽动他人从事邪教、会道门活动或者利用邪教、会道门、迷信活动，扰乱社会秩序、损害他人身体健康的；（2）冒用宗教、气功名义进行扰乱社会秩序、损害他人身体健康活动的。

7. ABCD，解析：《治安管理处罚法》第 29 条规定，有下列行为之一的，处 5 日以下拘留；情节较重的，处 5 日以上 10 日以下拘留：（1）违反国家规定，侵入计算机信息系统，造成危害的；（2）违反国家规定，对计算机信息系统功能进行删除、修改、增加、干扰，造成计算机信息系统不能正常运行的；（3）违反国家规定，对计算机信息系统中存储、处理、传输的数据和应用程序进行删除、修改、增加的；（4）故意制作、传播计算机病毒等破坏性程序，影响计算机信息系统正常运行的。
8. ABCD，解析：《治安管理处罚法》第 39 条规定，旅馆、饭店、影剧院、娱乐场、运动场、展览馆或者其他供社会公众活动的场所的经营管理人员，违反安全规定，致使该场所有发生安全事故危险，经公安机关责令改正，拒不改正的，处 5 日以下拘留。
9. ABD，解析：《治安管理处罚法》第 44 条规定，猥亵他人的，或者在公共场所故意裸露身体，情节恶劣的，处 5 日以上 10 日以下拘留；猥亵智力残疾人、精神病人、不满 14 周岁的人或者有其他严重情节的，处 10 日以上 15 日以下拘留。
10. ABD，解析：《治安管理处罚法》第 52 条规定，有下列行为之一的，处 10 日以上 15 日以下拘留，可以并处 1000 元以下罚款；情节较轻的，处 5 日以上 10 日以下拘留，可以并处 500 元以下罚款：（1）伪造、变造或者买卖国家机关、人民团体、企业、事业单位或者其他组织的公文、证件、证明文件、印章的；（2）买卖或者使用伪造、变造的国家机关、人民团体、企业、事业单位或者其他组织的公文、证件、证明文件的；（3）伪造、变造、倒卖车票、船票、航空客票、文艺演出票、体育比赛入场券或者其他有价票证、凭证的；（4）伪造、变造船舶户牌，买卖或者使用伪造、变造的船舶户牌，或者涂改船舶发动机号码的。

（四）填空题

1. 维护社会治安秩序。（《治安管理处罚法》第 1 条）
2. 中华人民共和国领域内。（《治安管理处罚法》第 4 条第 1 款）
3. 性质、情节。（《治安管理处罚法》第 5 条第 1 款）
4. 6；违反治安管理行为发生之日。（《治安管理处罚法》第 22 条）
5. 反复纠缠、强行讨要。（《治安管理处罚法》第 41 条第 2 款）
6. 遗弃没有独立生活能力的被扶养人的。（《治安管理处罚法》第 45 条）
7. 房屋出租人。（《治安管理处罚法》第 57 条第 1 款）

8. 虐待。（《治安管理处罚法》第113条）

（五）简答题

1. 答：《治安管理处罚法》第10条规定："治安管理处罚的种类分为：（一）警告；（二）罚款；（三）行政拘留；（四）吊销公安机关发放的许可证。对违反治安管理的外国人，可以附加适用限期出境或者驱逐出境。"

2. 答：《治安管理处罚法》第19条规定："违反治安管理有下列情形之一的，减轻处罚或者不予处罚：（一）情节特别轻微的；（二）主动消除或者减轻违法后果，并取得被侵害人谅解的；（三）出于他人胁迫或者诱骗的；（四）主动投案，向公安机关如实陈述自己的违法行为的；（五）有立功表现的。"

3. 答：《治安管理处罚法》第20条规定："违反治安管理有下列情形之一的，从重处罚：（一）有较严重后果的；（二）教唆、胁迫、诱骗他人违反治安管理的；（三）对报案人、控告人、举报人、证人打击报复的；（四）六个月内曾受过治安管理处罚的。"

4. 答：《治安管理处罚法》第21条规定："违反治安管理行为人有下列情形之一，依照本法应当给予行政拘留处罚的，不执行行政拘留处罚：（一）已满十四周岁不满十六周岁的；（二）已满十六周岁不满十八周岁，初次违反治安管理的；（三）七十周岁以上的；（四）怀孕或者哺乳自己不满一周岁婴儿的。"

5. 答：《治安管理处罚法》第24条规定，有下列行为之一、扰乱文化、体育等大型群众性活动秩序的，处警告或者200元以下罚款；情节严重的，处5日以上10日以下拘留，可以并处500元以下罚款：（1）强行进入场内的；（2）违反规定，在场内燃放烟花爆竹或者其他物品的；（3）展示侮辱性标语、条幅等物品的；（4）围攻裁判员、运动员或者其他工作人员的；（5）向场内投掷杂物，不听制止的；（6）扰乱大型群众性活动秩序的其他行为。因扰乱体育比赛秩序被处以拘留处罚的，可以同时责令其12个月内不得进入体育场馆观看同类比赛；违反规定进入体育场馆的，强行带离现场。

五、刑　法

（一）判断题

1. 犯罪的结果发生在中华人民共和国领域内的，才认为是在中华人民共和国领域内犯罪。（　　）
2. 外国人在中华人民共和国领域外对中华人民共和国国家或者公民犯罪，而按本法规定的最低刑为3年以上有期徒刑的，可以适用本法，但是按照犯罪地的法律不受处罚的除外。（　　）
3. 中华人民共和国成立以后本法施行以前的行为，如果当时的法律不认为是犯罪的，适用当时的法律；如果当时的法律认为是犯罪的，依照本法总则第四章第八节的规定应当追诉的，按照当时的法律追究刑事责任。如果本法不认为是犯罪或者处刑较轻的，仍适用当时的法律。（　　）
4. 本法施行以前，依照当时的法律已经作出的生效判决，应当认定为无效。（　　）
5. 醉酒的人犯罪，可以从轻或者减轻处罚。（　　）
6. 附加刑不能独立适用，但是对于老年人除外。（　　）
7. 死刑只适用于罪行极其严重的犯罪分子。对于应当判处死刑的犯罪分子，如果不是必须立即执行的，可以判处死刑同时宣告缓期2年执行。年满65周岁的老年人不适用死刑。（　　）
8. 判决宣告以后，刑罚执行完毕以前，被判刑的犯罪分子又犯罪的，应当对新犯的罪作出判决，但对已满75周岁的人除外。（　　）
9. 犯危害国家安全罪的，可以并处没收财产，但由于要保障老年人的老年基本生活，对年满75周岁的老年人不应并处没收财产。（　　）
10. 违背本人生前意愿摘取其尸体器官，或者本人生前未表示同意，违反国家规定，违背其近亲属意愿摘取其尸体器官的，是盗窃、侮辱、故意毁坏尸体、尸骨、骨灰罪。（　　）

11. 以暴力、胁迫或者其他手段强奸妇女的，处3年以上7年以下有期徒刑。(　　)
12. 对已满14周岁不满16周岁的未成年女性和已满75周岁的妇女负有监护、收养、看护、教育、医疗等特殊职责的人员，与该未成年女性和老年妇女发生性关系的，处3年以下有期徒刑；情节恶劣的，处3年以上10年以下有期徒刑。(　　)
13. 以暴力、胁迫或者其他方法强制猥亵他人或者侮辱妇女的，处5年以下有期徒刑或者拘役。聚众或者在公共场所当众犯前款罪的，或者有其他恶劣情节的，处5年以上有期徒刑。对已满75周岁的老年人实施该犯罪的，可以从轻或者减轻处罚。(　　)
14. 猥亵儿童的，处5年以下有期徒刑；已满70周岁的人猥亵儿童的，应当处5年以上有期徒刑。(　　)
15. 非法种植罂粟、大麻等毒品原植物的，一律强制铲除。非法种植罂粟3000株以上或者其他毒品原植物数量大的，处5年以上有期徒刑，并处罚金或者没收财产。非法种植罂粟或者其他毒品原植物，在收获前自动铲除的，可以免除处罚。(　　)

(二) 单项选择题

1. “法律明文规定为犯罪行为的，依照法律定罪处刑；法律没有明文规定为犯罪行为的，不得定罪处刑。”该条体现的是(　　)原则。

A. 适用刑法人人平等　　B. 罪刑法定

C. 罪责刑相适应　　D. 罪刑相适应

2. 中华人民共和国公民在中华人民共和国领域外犯本法规定之罪的，适用本法，但是按本法规定的最高刑为(　　)年以下有期徒刑的，可以不予追究。

A. 1　　B. 3

C. 5　　D. 7

3. 享有外交特权和豁免权的外国人的刑事责任，通过(　　)解决。

A. 和平途径　　B. 和平手段

C. 政治途径　　D. 外交途径

4. 已满(　　)周岁的人故意犯罪的，可以从轻或者减轻处罚；过失犯罪的，应当从轻或者减轻处罚。

A. 55　　B. 60

C. 65　　D. 75

5. 在犯罪过程中，自动放弃犯罪或者自动有效地防止犯罪结果发生的，是犯罪中止。对于中止犯，(　　)的，应当免除处罚。

A. 没有造成损害　　B. 没有造成较大损害

C. 没有造成实际损害　　D. 只造成轻微损害

6. 死刑除依法由最高人民法院判决的以外，都应当报请(　　)核准。死刑缓期执行的，可以由高级人民法院判决或者核准。

A. 最高人民法院　　B. 高级人民法院

C. 最高人民法院巡回法庭　　D. 国务院司法部门

7. 对被判处死刑缓期执行的累犯以及因故意杀人、强奸、抢劫、绑架、放火、爆炸、投放危险物质或者有组织的暴力性犯罪被判处死刑缓期执行的犯罪分子，人民法院根据犯罪情节等情况可以同时决定对其(　　)。

A. 加重量刑　　B. 从重量刑

C. 限制减刑　　D. 限制自由

8. 拐卖(　　)的，处 5 年以上 10 年以下有期徒刑，并处罚金。

A. 妇女　　B. 妇女、儿童

C. 儿童　　D. 妇女、儿童、老年人

9. 以暴力、威胁或者限制人身自由的方法强迫(　　)劳动的，处 3 年以下有期徒刑或者拘役，并处罚金；情节严重的，处 3 年以上 10 年以下有期徒刑，并处罚金。

A. 未成年人　　B. 老年人

C. 他人　　D. 妇女

(三) 多项选择题

1. 凡在中华人民共和国领域外犯罪，依照本法应当负刑事责任的，虽然经过外国审判，仍然可以依照本法追究，但是在外国已经受过刑罚处罚的，可以(　　)处罚。

A. 免除　　B. 从轻

C. 减轻　　D. 从重

2. 行为在客观上虽然造成了损害结果，但是不是出于故意或者过失，而是由于(　　)的原因所引起的，不是犯罪。

A. 他人阻碍　　B. 生理反抗

C. 不能抗拒　　D. 不能预见

3. 又聋又哑的人或者盲人犯罪，可以(　　)处罚。

A. 正常　　B. 从轻

C. 减轻　　D. 免除

4. 正当防卫明显超过必要限度造成重大损害的，应当负刑事责任，但是应当(　　)处罚。

A. 减轻　　B. 从轻

C. 从宽　　D. 免除

5. 对正在进行行凶、(　　)以及其他严重危及人身安全的暴力犯罪，采取防卫行为，造成不法侵害人伤亡的，不属于防卫过当，不负刑事责任。

A. 杀人　　B. 抢劫

C. 强奸　　D. 绑架

6. 关于避免本人危险的规定，不适用于(　　)负有特定责任的人。

A. 公务上　　B. 职务上

C. 业务上　　D. 义务上

7. 对于犯罪情节轻微不需要判处刑罚的，可以免予刑事处罚，但是可以根据案件的不同情况，予以训诫或者责令(　　)，或者由主管部门予以行政处罚或者行政处分。

A. 具结悔过　　B. 停止侵害

C. 赔礼道歉　　D. 赔偿损失

8. 被判处有期徒刑以上刑罚的犯罪分子，刑罚执行完毕或者赦免以后，在5年以内再犯应当判处有期徒刑以上刑罚之罪的，是累犯，应当从重处罚，但是(　　)的人犯罪的除外。

A. 已满70周岁　　B. 过失犯罪

C. 已满75周岁　　D. 不满18周岁

9. 对于被判处拘役、3 年以下有期徒刑的犯罪分子，同时符合下列(　　)条件的，可以宣告缓刑，对其中不满 18 周岁的人、怀孕的妇女和已满 75 周岁的人，应当宣告缓刑。

A. 犯罪情节较轻

B. 有悔罪表现

C. 没有再犯罪的危险

D. 宣告缓刑对所居住社区没有重大不良影响

10. 本法所称重伤，是指有下列哪些情形之一的伤害？(　　)

A. 使人肢体残废或者毁人容貌的

B. 使人丧失听觉、视觉或者其他器官机能的

C. 对于心理健康有重大伤害的

D. 对于人身健康有重大伤害的

11. 在道路上驾驶机动车，有下列哪些情形之一的，处拘役，并处罚金？(　　)

A. 追逐竞驶，情节恶劣的

B. 醉酒驾驶机动车的

C. 从事校车业务或者旅客运输，严重超过额定乘员载客，或者严重超过规定时速行驶的

D. 违反危险化学品安全管理规定运输危险化学品，危及公共安全的

12. 纳税人采取(　　)手段进行虚假纳税申报或者不申报，逃避缴纳税款数额较大并且占应纳税额 10% 以上的，处 3 年以下有期徒刑或者拘役，并处罚金；数额巨大并且占应纳税额 30% 以上的，处 3 年以上 7 年以下有期徒刑，并处罚金。

A. 造假　　　　B. 作假

C. 欺骗　　　　D. 隐瞒

13. 非法拘禁他人或者以其他方法非法剥夺他人人身自由的，处 3 年以下有期徒刑、拘役、管制或者剥夺政治权利。具有(　　)情节的，从重处罚。

A. 殴打　　　　B. 辱骂被绑架的老年人

C. 侮辱　　　　D. 虐待被绑架的老年人

14. 拐卖妇女、儿童是指以出卖为目的，有拐骗、绑架、（　　）妇女、儿童的行为之一的。

A. 收买　　B. 贩卖

C. 接送　　D. 中转

（四）填空题

1. 中华人民共和国刑法的任务，是用____同一切犯罪行为作斗争，以保卫国家安全，保卫人民民主专政的政权和社会主义制度，保护国有财产和劳动群众集体所有的财产，保护公民私人所有的财产，保护公民的人身权利、民主权利和其他权利，维护社会秩序、经济秩序，保障社会主义建设事业的顺利进行。
2. 刑罚的轻重，应当与犯罪分子所犯罪行和____相适应。
3. 对于中华人民共和国缔结或者参加的国际条约所规定的罪行，中华人民共和国在所承担条约义务的范围内____的，适用本法。
4. 明知自己的行为会发生危害社会的结果，并且希望或者放任这种结果发生，因而构成犯罪的，是____。
5. 应当预见自己的行为可能发生危害社会的结果，因为____而没有预见，或者已经预见而____，以致发生这种结果的，是过失犯罪。过失犯罪，____才负刑事责任。
6. 精神病人在不能辨认或者不能控制自己行为的时候造成危害结果，经____鉴定确认的，不负刑事责任，但是应当责令他的家属或者监护人严加看管和医疗；在必要的时候，由政府____。
7. 间歇性的精神病人在____的时候犯罪，应当负刑事责任。
8. 为了使国家、公共利益、本人或者他人的人身、财产和其他权利免受正在进行的不法侵害，而采取的制止不法侵害的行为，对不法侵害人造成损害的，属于____，不负刑事责任。
9. 为了使国家、公共利益、本人或者他人的人身、财产和其他权利免受正在发生的危险，不得已采取的____，造成损害的，不负刑事责任。
10. 为了犯罪，准备工具、制造条件的，是犯罪预备。对于预备犯，可以比照____从轻、减轻处罚或者免除处罚。

11. 由于犯罪行为而使被害人遭受经济损失的，对犯罪分子除依法给予刑事处罚外，并应根据情况判处赔偿经济损失。承担民事赔偿责任的犯罪分子，同时被判处罚金，其财产不足以全部支付的，或者被判处没收财产的，应当先承担____。
12. 审判的时候已满 75 周岁的人，不适用死刑，但____的除外。
13. 本法所称____，是指被害人告诉才处理。如果被害人因受强制、威吓无法告诉的，人民检察院和被害人的近亲属也可以告诉。
14. ____虚伪事实，损害他人的商业信誉、商品声誉，给他人造成重大损失或者有其他严重情节的，处 2 年以下有期徒刑或者拘役，并处或者单处罚金。

（五）简答题

1. 简述犯罪的概念。
2. 简述主刑和附加刑的种类。
3. 简述剥夺政治权利的含义。
4. 根据《刑法》的规定，被判处管制、拘役、有期徒刑、无期徒刑的犯罪分子，在执行期间，如果认真遵守监规，接受教育改造，确有悔改表现的，或者有立功表现的，可以减刑。简述应当减刑的重大立功表现。

参考答案

（一）判断题

1. ×，解析：《刑法》第 6 条第 3 款规定，犯罪的行为或者结果有一项发生在中华人民共和国领域内的，就认为是在中华人民共和国领域内犯罪。
2. √，解析：《刑法》第 8 条。
3. ×，解析：《刑法》第 12 条第 1 款规定，中华人民共和国成立以后本法施行以前的行为，如果当时的法律不认为是犯罪的，适用当时的法律；如果当时的法律认为是犯罪的，依照本法总则第四章第八节的规定应当追诉的，按照当时的法律追究刑事责任，但是如果本法不认为是犯罪或者处刑较轻的，适用本法。
4. ×，解析：《刑法》第 12 条第 2 款规定，本法施行以前，依照当时的法律已经作出的生效判决，继续有效。

5. ×，解析：《刑法》第 18 条第 4 款规定，醉酒的人犯罪，应当负刑事责任。

6. ×，解析：《刑法》第 34 条规定：“附加刑的种类如下：（一）罚金；（二）剥夺政治权利；（三）没收财产。附加刑也可以独立适用。”

7. ×，解析：《刑法》第 48 条第 1 款规定，死刑只适用于罪行极其严重的犯罪分子。对于应当判处死刑的犯罪分子，如果不是必须立即执行的，可以判处死刑同时宣告缓期 2 年执行。

8. ×，解析：《刑法》第 71 条规定，判决宣告以后，刑罚执行完毕以前，被判刑的犯罪分子又犯罪的，应当对新犯的罪作出判决，把前罪没有执行的刑罚和后罪所判处的刑罚，依照本法第 69 条的规定，决定执行的刑罚。

9. ×，解析：《刑法》第 113 条规定：“本章上述危害国家安全罪行中，除第一百零三条第二款、第一百零五条、第一百零七条、第一百零九条外，对国家和人民危害特别严重、情节特别恶劣的，可以判处死刑。犯本章之罪的，可以并处没收财产。”

10. √，解析：《刑法》第 234 条之一第 3 款。

11. ×，解析：《刑法》第 236 条规定：“以暴力、胁迫或者其他手段强奸妇女的，处三年以上十年以下有期徒刑。奸淫不满十四周岁的幼女的，以强奸论，从重处罚。强奸妇女、奸淫幼女，有下列情形之一的，处十年以上有期徒刑、无期徒刑或者死刑：（一）强奸妇女、奸淫幼女情节恶劣的；（二）强奸妇女、奸淫幼女多人的；（三）在公共场所当众强奸妇女、奸淫幼女的；（四）二人以上轮奸的；（五）奸淫不满十周岁的幼女或者造成幼女伤害的；（六）致使被害人重伤、死亡或者造成其他严重后果的。”

12. ×，解析：《刑法》第 236 条之一规定：“对已满十四周岁不满十六周岁的未成年女性负有监护、收养、看护、教育、医疗等特殊职责的人员，与该未成年女性发生性关系的，处三年以下有期徒刑；情节恶劣的，处三年以上十年以下有期徒刑。有前款行为，同时又构成本法第二百三十六条规定之罪的，依照处罚较重的规定定罪处罚。”

13. ×，解析：《刑法》第 237 条第 1 款、第 2 款规定，以暴力、胁迫或者其他方法强制猥亵他人或者侮辱妇女的，处 5 年以下有期徒刑或者拘役。聚众或者在公共场所当众犯前款罪的，或者有其他恶劣情节的，处 5 年以上有期徒刑。

14. ×，解析：《刑法》第 237 条第 3 款规定：“猥亵儿童的，处五年以下有期徒刑；有下列情形之一的，处五年以上有期徒刑：（一）猥亵儿童多人或者多次的；（二）聚众猥亵儿童的，或者在公共场所当众猥亵儿童，情节恶劣的；（三）造成儿童伤害或者其他严重后果的；（四）猥亵手段恶劣或者有其他恶劣情节的。”

15. √，解析：《刑法》第 351 条。

（二）单项选择题

1. B，解析：《刑法》第 3 条规定，法律明文规定为犯罪行为的，依照法律定罪处刑；法律没有明文规定为犯罪行为的，不得定罪处刑。
2. B，解析：《刑法》第 7 条第 1 款规定，中华人民共和国公民在中华人民共和国领域外犯本法规定之罪的，适用本法，但是按本法规定的最高刑为 3 年以下有期徒刑的，可以不予追究。
3. D，解析：《刑法》第 11 条规定，享有外交特权和豁免权的外国人的刑事责任，通过外交途径解决。
4. D，解析：《刑法》第 17 条之一规定，已满 75 周岁的人故意犯罪的，可以从轻或者减轻处罚；过失犯罪的，应当从轻或者减轻处罚。
5. A，解析：《刑法》第 24 条规定，在犯罪过程中，自动放弃犯罪或者自动有效地防止犯罪结果发生的，是犯罪中止。对于中止犯，没有造成损害的，应当免除处罚；造成损害的，应当减轻处罚。
6. A，解析：《刑法》第 48 条第 2 款规定，死刑除依法由最高人民法院判决的以外，都应当报请最高人民法院核准。死刑缓期执行的，可以由高级人民法院判决或者核准。
7. C，解析：《刑法》第 50 条第 2 款规定，对被判处死刑缓期执行的累犯以及因故意杀人、强奸、抢劫、绑架、放火、爆炸、投放危险物质或者有组织的暴力性犯罪被判处死刑缓期执行的犯罪分子，人民法院根据犯罪情节等情况可以同时决定对其限制减刑。
8. B，解析：《刑法》第 240 条规定：“拐卖妇女、儿童的，处五年以上十年以下有期徒刑，并处罚金；有下列情形之一的，处十年以上有期徒刑或者无期徒刑，并处罚金或者没收财产；情节特别严重的，处死刑，并处没收财产：（一）拐卖妇女、儿童集团的首要分子；（二）拐卖妇女、儿童三人以上的；（三）奸淫被拐卖的妇女的；（四）诱骗、强迫被拐卖的妇女卖淫或者将被拐卖的妇女卖给他人迫使其卖淫的；（五）以出卖为目的，使用暴力、胁迫或者麻醉方法绑架妇女、儿童的；（六）以出卖为目的，偷盗婴幼儿的；

（七）造成被拐卖的妇女、儿童或者其亲属重伤、死亡或者其他严重后果的；（八）将妇女、儿童卖往境外的。拐卖妇女、儿童是指以出卖为目的，有拐骗、绑架、收买、贩卖、接送、中转妇女、儿童的行为之一的。”

9. C，解析：《刑法》第 244 条第 1 款规定：“以暴力、威胁或者限制人身自由的方法强迫他人劳动的，处三年以下有期徒刑或者拘役，并处罚金；情节严重的，处三年以上十年以下有期徒刑，并处罚金。”

（三）多项选择题

1. AC，解析：《刑法》第 10 条规定，凡在中华人民共和国领域外犯罪，依照本法应当负刑事责任的，虽然经过外国审判，仍然可以依照本法追究，但是在外国已经受过刑罚处罚的，可以免除或者减轻处罚。
2. CD，解析：《刑法》第 16 条规定，行为在客观上虽然造成了损害结果，但是不是出于故意或者过失，而是由于不能抗拒或者不能预见的原因所引起的，不是犯罪。
3. BCD，解析：《刑法》第 19 条规定，又聋又哑的人或者盲人犯罪，可以从轻、减轻或者免除处罚。
4. AD，解析：《刑法》第 20 条第 2 款规定，正当防卫明显超过必要限度造成重大损害的，应当负刑事责任，但是应当减轻或者免除处罚。
5. ABCD，解析：《刑法》第 20 条第 3 款规定，对正在进行行凶、杀人、抢劫、强奸、绑架以及其他严重危及人身安全的暴力犯罪，采取防卫行为，造成不法侵害人伤亡的，不属于防卫过当，不负刑事责任。
6. BC，解析：《刑法》第 21 条规定，为了使国家、公共利益、本人或者他人的人身、财产和其他权利免受正在发生的危险，不得已采取的紧急避险行为，造成损害的，不负刑事责任。紧急避险超过必要限度造成不应有的损害的，应当负刑事责任，但是应当减轻或者免除处罚。第 1 款中关于避免本人危险的规定，不适用于职务上、业务上负有特定责任的人。
7. ACD，解析：《刑法》第 37 条规定，对于犯罪情节轻微不需要判处刑罚的，可以免予刑事处罚，但是可以根据案件的不同情况，予以训诫或者责令具结悔过、赔礼道歉、赔偿损失，或者由主管部门予以行政处罚或者行政处分。
8. BD，解析：《刑法》第 65 条规定，被判处有期徒刑以上刑罚的犯罪分子，刑罚执行完毕或者赦免以后，在 5 年以内再犯应当判处有期徒刑以上刑罚之罪的，是累犯，应当从重处罚，但是过失犯罪和不满 18 周岁的人犯罪的除外。前款规定的期限，对于被假释的犯罪分子，从假释期满之日起计算。

9. ABCD，解析：《刑法》第 72 条规定：“对于被判处拘役、三年以下有期徒刑的犯罪分子，同时符合下列条件的，可以宣告缓刑，对其中不满十八周岁的人、怀孕的妇女和已满七十五周岁的人，应当宣告缓刑：（一）犯罪情节较轻；（二）有悔罪表现；（三）没有再犯罪的危险；（四）宣告缓刑对所居住社区没有重大不良影响。宣告缓刑，可以根据犯罪情况，同时禁止犯罪分子在缓刑考验期限内从事特定活动，进入特定区域、场所，接触特定的人。被宣告缓刑的犯罪分子，如果被判处附加刑，附加刑仍须执行。”

10. ABD，解析：《刑法》第 95 条规定：“本法所称重伤，是指有下列情形之一的伤害：（一）使人肢体残废或者毁人容貌的；（二）使人丧失听觉、视觉或者其他器官机能的；（三）其他对于人身健康有重大伤害的。”

11. ABCD，解析：《刑法》第 133 条之一规定：“在道路上驾驶机动车，有下列情形之一的，处拘役，并处罚金：（一）追逐竞驶，情节恶劣的；（二）醉酒驾驶机动车的；（三）从事校车业务或者旅客运输，严重超过额定乘员载客，或者严重超过规定时速行驶的；（四）违反危险化学品安全管理规定运输危险化学品，危及公共安全的。机动车所有人、管理人对前款第三项、第四项行为负有直接责任的，依照前款的规定处罚。有前两款行为，同时构成其他犯罪的，依照处罚较重的规定定罪处罚。”

12. CD，解析：《刑法》第 201 条第 1 款规定：“纳税人采取欺骗、隐瞒手段进行虚假纳税申报或者不申报，逃避缴纳税款数额较大并且占应纳税额百分之十以上的，处三年以下有期徒刑或者拘役，并处罚金；数额巨大并且占应纳税额百分之三十以上的，处三年以上七年以下有期徒刑，并处罚金。纳税人采取欺骗、隐瞒手段进行虚假纳税申报或者不申报，逃避缴纳税款数额较大并且占应纳税额百分之十以上的，处三年以下有期徒刑或者拘役，并处罚金；数额巨大并且占应纳税额百分之三十以上的，处三年以上七年以下有期徒刑，并处罚金。”

13. AC，解析：《刑法》第 238 条第 1 款规定：“非法拘禁他人或者以其他方法非法剥夺他人人身自由的，处三年以下有期徒刑、拘役、管制或者剥夺政治权利。具有殴打、侮辱情节的，从重处罚。”

14. ABCD，解析：《刑法》第 240 条第 2 款规定，拐卖妇女、儿童是指以出卖为目的，有拐骗、绑架、收买、贩卖、接送、中转妇女、儿童的行为之一的。

（四）填空题

1. 刑罚。（《刑法》第2条）
2. 承担的刑事责任。（《刑法》第5条）
3. 行使刑事管辖权。（《刑法》第9条）
4. 故意犯罪。（《刑法》第14条第1款）
5. 疏忽大意；轻信能够避免；法律有规定的。（《刑法》第15条）
6. 法定程序；强制医疗。（《刑法》第18条第1款）
7. 精神正常。（《刑法》第18条第2款）
8. 正当防卫。（《刑法》第20条第1款）
9. 紧急避险行为。（《刑法》第21条第1款）
10. 既遂犯。（《刑法》第22条）
11. 对被害人的民事赔偿责任。（《刑法》第36条）
12. 以特别残忍手段致人死亡。（《刑法》第49条第2款）
13. 告诉才处理。（《刑法》第98条）
14. 捏造并散布。（《刑法》第221条）

（五）简答题

1. 答：《刑法》第13条规定，一切危害国家主权、领土完整和安全，分裂国家、颠覆人民民主专政的政权和推翻社会主义制度，破坏社会秩序和经济秩序，侵犯国有财产或者劳动群众集体所有的财产，侵犯公民私人所有的财产，侵犯公民的人身权利、民主权利和其他权利，以及其他危害社会的行为，依照法律应当受刑罚处罚的，都是犯罪，但是情节显著轻微危害不大的，不认为是犯罪。
2. 答：《刑法》第33条规定："主刑的种类如下：（一）管制；（二）拘役；（三）有期徒刑；（四）无期徒刑；（五）死刑。"第34条规定："附加刑的种类如下：（一）罚金；（二）剥夺政治权利；（三）没收财产。附加刑也可以独立适用。"
3. 答：《刑法》第54条规定："剥夺政治权利是剥夺下列权利：（一）选举权和被选举权；（二）言论、出版、集会、结社、游行、示威自由的权利；（三）担任国家机关职务的权利；（四）担任国有公司、企业、事业单位和人民团体领导职务的权利。"
4. 答：《刑法》第78条第1款规定："被判处管制、拘役、有期徒刑、无期徒刑的犯罪分子，在执行期间，如果认真遵守监规，接受教育改造，确有悔改表现的，或者有立功表现的，可以减刑；有下列重大立功表现之一的，应当减刑：（一）阻止他人重大犯罪活动的；（二）检举监狱内外重大犯罪活动，经查证属实的；（三）有发明创造或者重大技术革新的；（四）在日常生产、生活中舍己救人的；（五）在抗御自然灾害或者排除重大事故中，有突出表现的；（六）对国家和社会有其他重大贡献的。”

六、农村五保供养工作条例

（一）判断题

1. 村民委员会管理本行政区域内的农村五保供养工作。乡、民族乡、镇人民政府协助村民委员会开展农村五保供养工作。（　　）
2. 国家鼓励社会组织和个人为农村五保供养对象和农村五保供养工作提供捐助和服务。（　　）
3. 国家只对在农村五保供养工作中做出显著成绩的个人，给予表彰和奖励。（　　）
4. 农村五保供养对象不再符合本条例第6条规定条件的，村民委员会或者敬老院等农村五保供养服务机构（以下简称农村五保供养服务机构）应当向县人民政府报告。（　　）
5. 农村五保供养对象未满16周岁或者已满16周岁仍在接受义务教育或者年满75周岁的，应当保障他们依法接受义务教育所需费用。（　　）
6. 农村五保供养标准，应当由省、自治区、直辖市人民政府制定，在本行政区域内公布执行，也可以由设区的市级或者县级人民政府制定，报所在的省、自治区、直辖市人民政府备案后公布执行。（　　）
7. 农村五保供养资金，有农村集体经营等收入的地方，可以从农村集体经营等收入中安排资金，用于补助和改善农村五保供养对象的生活。（　　）
8. 农村五保供养对象只能在当地的农村五保供养服务机构集中供养。（　　）
9. 农村五保供养对象不能自行选择供养形式。（　　）
10. 农村五保供养服务机构工作人员必须经过必要的培训。（　　）
11. 违反本条例规定，村民委员会或者农村五保供养服务机构对农村五保供养对象提供的供养服务不符合要求的，逾期不改正的，县人民政府有权终止供养服务协议。（　　）

12. 本条例所称农村五保供养，是指依照本条例规定，在吃、穿、住、医、葬方面给予村民的生活照顾和精神慰藉。(　　)
13. 农村五保供养不包括办理丧葬事宜。(　　)
14. 农村五保供养资金，应当专门用于农村五保供养对象的生活，任何个人不得贪污、挪用、截留或者私分，但集体组织可以，并在之后用于农村五保供养对象的生活。(　　)

(二) 单项选择题

1. 为了做好农村五保供养工作，保障(　　)的正常生活，促进农村社会保障制度的发展，制定本条例。

A. 老年人　　B. 农民
C. 农村五保供养对象　　D. 农村村民

2. (　　)民政部门主管全国的农村五保供养工作；县级以上地方各级人民政府民政部门主管本行政区域内的农村五保供养工作。

A. 国务院　　B. 公安机关
C. 人民代表大会常务委员会　　D. 国家主席

3. (　　)应当对申请人的家庭状况和经济条件进行调查核实；必要时，县级人民政府民政部门可以进行复核。申请人、有关组织或者个人应当配合、接受调查，如实提供有关情况。

A. 村民委员会　　B. 乡、民族乡、镇人民政府
C. 居民委员会　　D. 县级人民政府

4. (　　)死亡，丧葬事宜办理完毕后，村民委员会或者农村五保供养服务机构应当向乡、民族乡、镇人民政府报告，由乡、民族乡、镇人民政府报县级人民政府民政部门核准后，核销其《农村五保供养证书》。

A. 老年人　　B. 农民
C. 农村村民　　D. 农村五保供养对象

5. 农村五保供养标准不得低于(　　)的平均生活水平，并根据当地村民平均生活水平的提高适时调整。

A. 国家农民　　B. 当地省市农民
C. 当地村民　　D. 当地乡镇村民

6. 农村五保供养资金，在(　　)中安排。

A. 地方人民政府财政预算

B. 国务院财政预算

C. 国务院民政部门财政预算

D. 国务院财政部门财政预算

7. 农村五保供养对象将承包土地交由他人代耕的，其收益归(　　)所有。

A. 土地承包人

B. 农村集体

C. 该农村五保供养对象

D. 该农村五保供养对象的近亲属

8. 分散供养的农村五保供养对象，可以由(　　)提供照料，也可以由农村五保供养服务机构提供有关供养服务。

A. 村民委员会　　B. 居民委员会

C. 乡、民族乡、镇人民政府　　D. 县人民政府

9. 村民委员会可以委托(　　)对分散供养的农村五保供养对象提供照料。

A. 村长　　B. 村民

C. 县人民政府　　D. 农村五保供养服务机构

10. (　　)级以上人民政府应当依法加强对农村五保供养工作的监督管理。

A. 县　　B. 市

C. 区　　D. 省

11. (　　)应当按时足额拨付农村五保供养资金，确保资金到位，并加强对资金使用情况的监督管理。

A. 民生部门　　B. 民政部门

C. 财政部门　　D. 审计部门

12.《农村五保供养证书》由(　　)规定式样。

A. 国务院司法部门　　B. 国务院民生部门

C. 国务院财政部门　　D. 国务院民政部门

13.《农村五保供养证书》由(　　)监制。

A. 省、自治区、直辖市人民政府民政部门

B. 省、自治区、直辖市人民政府民生部门

C. 省、自治区、直辖市人民政府司法部门

D. 省、自治区、直辖市人民政府财政部门

（三）多项选择题

1. 本条例所称农村五保供养，是指依照本条例规定，在吃、(　　)方面给予村民的生活照顾和物质帮助。

A. 穿　　B. 住

C. 医　　D. 葬

2. (　　)或者未满16周岁的村民，无劳动能力、无生活来源又无法定赡养、抚养、扶养义务人，或者其法定赡养、抚养、扶养义务人无赡养、抚养、扶养能力的，享受农村五保供养待遇。

A. 老年　　B. 妇女

C. 丧偶　　D. 残疾

3. 享受农村五保供养待遇，应当由村民本人向村民委员会提出申请；因(　　)无法表达意愿的，由村民小组或者其他村民代为提出申请。经村民委员会民主评议，对符合本条例第六条规定条件的，在本村范围内公告；无重大异议的，由村民委员会将评议意见和有关材料报送乡、民族乡、镇人民政府审核。

A. 年幼　　B. 智力残疾

C. 年老　　D. 患有精神疾病

4. (　　)应当加强对农村五保供养标准制定工作的指导。

A. 国务院司法部门　　B. 国务院民政部门

C. 国务院财政部门　　D. 国务院民生部门

5. 农村五保供养资金，应当专门用于农村五保供养对象的生活，任何组织或者个人不得(　　)。

A. 贪污　　B. 挪用

C. 截留　　D. 私分

6. 县级人民政府和乡、民族乡、镇人民政府应当为农村五保供养服务机构提供(　　)，并配备必要的工作人员。

A. 必要的设备　　B. 必要的服务

C. 必要的政策优待　　D. 管理资金

7. 农村五保供养服务机构应当建立健全内部(　　)制度。

A. 资金管理　　B. 人员管理

C. 民主管理　　D. 服务管理

8. 农村五保供养待遇的(　　)以及农村五保供养的标准和资金使用情况等，应当向社会公告，接受社会监督。

A. 申请人员身份　　B. 申请条件

C. 程序　　D. 民主评议情况

9. 违反本条例规定，村民委员会组成人员(　　)农村五保供养款物的，依法予以罢免；构成犯罪的，依法追究刑事责任。

A. 贪污　　B. 挪用

C. 截留　　D. 私分

10. 违反本条例规定，农村五保供养服务机构工作人员(　　)农村五保供养款物的，予以辞退；构成犯罪的，依法追究刑事责任。

A. 侵占　　B. 私分

C. 挪用　　D. 截留

11. 国家鼓励社会组织和个人为农村五保供养对象和农村五保供养工作提供(　　)。

A. 捐助　　B. 资助

C. 援助　　D. 服务

12. 国家对在农村五保供养工作中做出显著成绩的(　　)，给予表彰和奖励。

A. 集体　　B. 单位

C. 个人　　D. 组织

13. 农村五保供养包括下列(　　)供养内容。

A. 供给粮油、副食品和生活用燃料

B. 供给服装、被褥等生活用品和零用钱

C. 提供符合基本居住条件的住房

D. 提供疾病治疗，对生活不能自理的给予照料

14. 农村五保供养服务机构应当遵守(　　)等方面的法律、法规和国家有关

规定，向农村五保供养对象提供符合要求的供养服务，并接受地方人民政府及其有关部门的监督管理。

A. 治安　　B. 消防

C. 卫生　　D. 财务会计

（四）填空题

1. 乡、民族乡、镇人民政府应当自收到评议意见之日起20日内提出审核意见，并将审核意见和有关材料报送县级人民政府民政部门审批。县级人民政府民政部门应当自收到审核意见和有关材料之日起20日内作出审批决定。对批准给予农村五保供养待遇的，发给____；对不符合条件不予批准的，应当书面说明理由。
2. 农村五保供养对象不再符合本条例第6条规定条件的，村民委员会或者____等农村五保供养服务机构（以下简称农村五保供养服务机构）应当向乡、民族乡、镇人民政府报告，由乡、民族乡、镇人民政府审核并报县级人民政府民政部门核准后，核销其《农村五保供养证书》。
3. 农村五保供养对象的____，应当与当地农村合作医疗和农村医疗救助制度相衔接。
4. ____对财政困难地区的农村五保供养，在资金上给予适当补助。
5. 集中供养的农村五保供养对象，由____提供供养服务。
6. 各级人民政府应当把农村五保供养服务机构建设纳入____。
7. 农村五保供养服务机构可以开展以改善农村五保供养对象生活条件为目的的____。地方各级人民政府及其有关部门应当对农村五保供养服务机构开展农副业生产给予必要的扶持。
8. 乡、民族乡、镇人民政府应当与村民委员会或者农村五保供养服务机构签订____，保证农村五保供养对象享受符合要求的供养。
9. 县级以上地方各级人民政府民政部门和乡、民族乡、镇人民政府应当制定农村五保供养工作的管理制度，并负责____。
10. ____应当依法加强对农村五保供养资金使用情况的审计。
11. 农村五保供养服务机构应当遵守治安、消防、卫生、财务会计等方面的法律、法规和国家有关规定，向农村五保供养对象提供符合要求的供养服务，并接受____及其有关部门的监督管理。

12. 违反本条例规定，村民委员会或者农村五保供养服务机构对农村五保供养对象提供的供养服务不符合要求的，由乡、民族乡、镇人民政府责令____。
13. 农村五保供养标准，可以由省、自治区、直辖市人民政府制定，在本行政区域内公布执行，也可以由设区的市级或者县级人民政府制定，报所在的省、自治区、直辖市人民政府____后公布执行。
14. 审计机关应当依法加强对农村五保供养资金使用情况的____。

（五）简答题

1. 农村五保供养包括哪些供养内容?
2. 违反本条例规定，有关行政机关及其工作人员有哪些行为之一的，对直接负责的主管人员以及其他直接责任人员依法给予行政处分；构成犯罪的，依法追究刑事责任?
3. 简述享受农村五保供养待遇的申请、审批 、复核等全过程。
4. 简述当农村五保供养对象死亡后，核销其《农村五保供养证书》的办理手续。

参考答案

（一）判断题

1. ×，解析:《农村五保供养工作条例》第3条规定，国务院民政部门主管全国的农村五保供养工作；县级以上地方各级人民政府民政部门主管本行政区域内的农村五保供养工作。乡、民族乡、镇人民政府管理本行政区域内的农村五保供养工作。村民委员会协助乡、民族乡、镇人民政府开展农村五保供养工作。
2. √，解析:《农村五保供养工作条例》第4条。
3. ×，解析:《农村五保供养工作条例》第5条规定，国家对在农村五保供养工作中做出显著成绩的单位和个人，给予表彰和奖励。
4. ×，解析:《农村五保供养工作条例》第8条第1款规定，农村五保供养对象不再符合本条例第6条规定条件的，村民委员会或者敬老院等农村五保供养服务机构（以下简称农村五保供养服务机构）应当向乡、民族乡、镇人民政府报告，由乡、民族乡、镇人民政府审核并报县级人民政府民政部门核准后，核销其《农村五保供养证书》。

5. ×，解析：《农村五保供养工作条例》第 9 条第 2 款规定，农村五保供养对象未满 16 周岁或者已满 16 周岁仍在接受义务教育的，应当保障他们依法接受义务教育所需费用。

6. ×，解析：《农村五保供养工作条例》第 10 条第 2 款规定，农村五保供养标准，可以由省、自治区、直辖市人民政府制定，在本行政区域内公布执行，也可以由设区的市级或者县级人民政府制定，报所在的省、自治区、直辖市人民政府备案后公布执行。

7. √，解析：《农村五保供养工作条例》第 11 条第 1 款。

8. ×，解析：《农村五保供养工作条例》第 12 条规定，农村五保供养对象可以在当地的农村五保供养服务机构集中供养，也可以在家分散供养。农村五保供养对象可以自行选择供养形式。

9. ×，解析：《农村五保供养工作条例》第 12 条规定，农村五保供养对象可以在当地的农村五保供养服务机构集中供养，也可以在家分散供养。农村五保供养对象可以自行选择供养形式。

10. ×，解析：《农村五保供养工作条例》第 15 条第 2 款规定，农村五保供养服务机构工作人员应当经过必要的培训。

11. ×，解析：《农村五保供养工作条例》第 24 条规定，违反本条例规定，村民委员会或者农村五保供养服务机构对农村五保供养对象提供的供养服务不符合要求的，由乡、民族乡、镇人民政府责令限期改正；逾期不改正的，乡、民族乡、镇人民政府有权终止供养服务协议；造成损失的，依法承担赔偿责任。

12. ×，解析：《农村五保供养工作条例》第 2 条规定，本条例所称农村五保供养，是指依照本条例规定，在吃、穿、住、医、葬方面给予村民的生活照顾和物质帮助。

13. ×，解析：《农村五保供养工作条例》第 9 条规定：“农村五保供养包括下列供养内容：（一）供给粮油、副食品和生活用燃料；（二）供给服装、被褥等生活用品和零用钱；（三）提供符合基本居住条件的住房；（四）提供疾病治疗，对生活不能自理的给予照料；（五）办理丧葬事宜。农村五保供养对象未满 16 周岁或者已满 16 周岁仍在接受义务教育的，应当保障他们依法接受义务教育所需费用。农村五保供养对象的疾病治疗，应当与当地农村合作医疗和农村医疗救助制度相衔接。”

14. ×，解析：《农村五保供养工作条例》第 11 条第 3 款规定，农村五保供养资金，应当专门用于农村五保供养对象的生活，任何组织或者个人不得贪污、挪用、截留或者私分。

（二）单项选择题

1. C，解析：《农村五保供养工作条例》第 1 条规定，为了做好农村五保供养工作，保障农村五保供养对象的正常生活，促进农村社会保障制度的发展，制定本条例。
2. A，解析：《农村五保供养工作条例》第 3 条第 1 款规定，国务院民政部门主管全国的农村五保供养工作；县级以上地方各级人民政府民政部门主管本行政区域内的农村五保供养工作。
3. B，解析：《农村五保供养工作条例》第 7 条第 3 规定，乡、民族乡、镇人民政府应当对申请人的家庭状况和经济条件进行调查核实；必要时，县级人民政府民政部门可以进行复核。申请人、有关组织或者个人应当配合、接受调查，如实提供有关情况。
4. D，解析：《农村五保供养工作条例》第 8 条第 2 款规定，农村五保供养对象死亡，丧葬事宜办理完毕后，村民委员会或者农村五保供养服务机构应当向乡、民族乡、镇人民政府报告，由乡、民族乡、镇人民政府报县级人民政府民政部门核准后，核销其《农村五保供养证书》。
5. C，解析：《农村五保供养工作条例》第 10 条第 1 款规定，农村五保供养标准不得低于当地村民的平均生活水平，并根据当地村民平均生活水平的提高适时调整。
6. A，解析：《农村五保供养工作条例》第 11 条第 1 款规定，农村五保供养资金，在地方人民政府财政预算中安排。有农村集体经营等收入的地方，可以从农村集体经营等收入中安排资金，用于补助和改善农村五保供养对象的生活。农村五保供养对象将承包土地交由他人代耕的，其收益归该农村五保供养对象所有。具体办法由省、自治区、直辖市人民政府。
7. C，解析：《农村五保供养工作条例》第 11 条第 1 款规定，农村五保供养资金，在地方人民政府财政预算中安排。有农村集体经营等收入的地方，可以从农村集体经营等收入中安排资金，用于补助和改善农村五保供养对象的生活。农村五保供养对象将承包土地交由他人代耕的，其收益归该农村五保供养对象所有。具体办法由省、自治区、直辖市人民政府。

8. A，解析：《农村五保供养工作条例》第13条规定，集中供养的农村五保供养对象，由农村五保供养服务机构提供供养服务；分散供养的农村五保供养对象，可以由村民委员会提供照料，也可以由农村五保供养服务机构提供有关供养服务。
9. B，解析：《农村五保供养工作条例》第17条第2款规定，村民委员会可以委托村民对分散供养的农村五保供养对象提供照料。
10. A，解析：《农村五保供养工作条例》第18条规定，县级以上人民政府应当依法加强对农村五保供养工作的监督管理。县级以上地方各级人民政府民政部门和乡、民族乡、镇人民政府应当制定农村五保供养工作的管理制度，并负责督促实施。
11. C，解析：《农村五保供养工作条例》第19条第1款规定，财政部门应当按时足额拨付农村五保供养资金，确保资金到位，并加强对资金使用情况的监督管理。
12. D，解析：《农村五保供养工作条例》第25条规定，《农村五保供养证书》由国务院民政部门规定式样，由省、自治区、直辖市人民政府民政部门监制。
13. A，解析：《农村五保供养工作条例》第25条规定，《农村五保供养证书》由国务院民政部门规定式样，由省、自治区、直辖市人民政府民政部门监制。

（三）多项选择题

1. ABCD，解析：《农村五保供养工作条例》第2条规定，本条例所称农村五保供养，是指依照本条例规定，在吃、穿、住、医、葬方面给予村民的生活照顾和物质帮助。
2. AD，解析：《农村五保供养工作条例》第6条规定，老年、残疾或者未满16周岁的村民，无劳动能力、无生活来源又无法定赡养、抚养、扶养义务人，或者其法定赡养、抚养、扶养义务人无赡养、抚养、扶养能力的，享受农村五保供养待遇。
3. AB，解析：《农村五保供养工作条例》第7条第1款规定，享受农村五保供养待遇，应当由村民本人向村民委员会提出申请；因年幼或者智力残疾无法表达意愿的，由村民小组或者其他村民代为提出申请。经村民委员会民主评议，对符合本条例第六条规定条件的，在本村范围内公告；无重大异议的，由村民委员会将评议意见和有关材料报送乡、民族乡、镇人民政府审核。

4. BC，解析：《农村五保供养工作条例》第 10 条第 3 款规定，国务院民政部门、国务院财政部门应当加强对农村五保供养标准制定工作的指导。
5. ABCD，解析：《农村五保供养工作条例》第 11 条第 3 条规定，农村五保供养资金，应当专门用于农村五保供养对象的生活，任何组织或者个人不得贪污、挪用、截留或者私分。
6. AD，解析：《农村五保供养工作条例》第 14 条第 2 款规定，县级人民政府和乡、民族乡、镇人民政府应当为农村五保供养服务机构提供必要的设备、管理资金，并配备必要的工作人员。
7. CD，解析：《农村五保供养工作条例》第 15 条第 1 款规定，农村五保供养服务机构应当建立健全内部民主管理和服务管理制度。
8. BCD，解析：《农村五保供养工作条例》第 20 条规定，农村五保供养待遇的申请条件、程序、民主评议情况以及农村五保供养的标准和资金使用情况等，应当向社会公告，接受社会监督。
9. ABC，解析：《农村五保供养工作条例》第 23 条第 1 款规定，违反本条例规定，村民委员会组成人员贪污、挪用、截留农村五保供养款物的，依法予以罢免；构成犯罪的，依法追究刑事责任。
10. BCD，解析：《农村五保供养工作条例》第 23 条第 2 款规定，违反本条例规定，农村五保供养服务机构工作人员私分、挪用、截留农村五保供养款物的，予以辞退；构成犯罪的，依法追究刑事责任。
11. AD，解析：《农村五保供养工作条例》第 4 条规定，国家鼓励社会组织和个人为农村五保供养对象和农村五保供养工作提供捐助和服务。
12. BC，解析：《农村五保供养工作条例》第 5 条规定，国家对在农村五保供养工作中做出显著成绩的单位和个人，给予表彰和奖励。
13. ABCD，解析：《农村五保供养工作条例》第 9 条规定："农村五保供养包括下列供养内容：（一）供给粮油、副食品和生活用燃料；（二）供给服装、被褥等生活用品和零用钱；（三）提供符合基本居住条件的住房；（四）提供疾病治疗，对生活不能自理的给予照料；（五）办理丧葬事宜。农村五保供养对象未满 16 周岁或者已满 16 周岁仍在接受义务教育的，应当保障他们依法接受义务教育所需费用。农村五保供养对象的疾病治疗，应当与当地农村合作医疗和农村医疗救助制度相衔接。"
14. ABCD，解析：《农村五保供养工作条例》第 21 条规定，农村五保供养服务机构应当遵守治安、消防、卫生、财务会计等方面的法律、法规和国家有关规定，向农村五保供养对象提供符合要求的供养服务，并接受地方人民政府及其有关部门的监督管理。

（四）填空题

1.《农村五保供养证书》。（《农村五保供养工作条例》第7条第2款）
2. 敬老院。（《农村五保供养工作条例》第8条第1款）
3. 疾病治疗。（《农村五保供养工作条例》第9条第3款）
4. 中央财政。（《农村五保供养工作条例》第11条第2款）
5. 农村五保供养服务机构。（《农村五保供养工作条例》第13条）
6. 经济社会发展规划。（《农村五保供养工作条例》第14条第1款）
7. 农副业生产。（《农村五保供养工作条例》第16条）
8. 供养服务协议。（《农村五保供养工作条例》第17条第1款）
9. 督促实施。（《农村五保供养工作条例》第18条）
10. 审计机关。（《农村五保供养工作条例》第19条第2款）
11. 地方人民政府。（《农村五保供养工作条例》第21条）
12. 限期改正。（《农村五保供养工作条例》第24条）
13. 备案。（《农村五保供养工作条例》第10条第2款）
14. 审计。（《农村五保供养工作条例》第19条第2款）

（五）简答题

1. 答：《农村五保供养工作条例》第9条第1款规定："农村五保供养包括下列供养内容：（一）供给粮油、副食品和生活用燃料；（二）供给服装、被褥等生活用品和零用钱；（三）提供符合基本居住条件的住房；（四）提供疾病治疗，对生活不能自理的给予照料；（五）办理丧葬事宜。"
2. 答：《农村五保供养工作条例》第22条规定："违反本条例规定，有关行政机关及其工作人员有下列行为之一的，对直接负责的主管人员以及其他直接责任人员依法给予行政处分；构成犯罪的，依法追究刑事责任：（一）对符合农村五保供养条件的村民不予批准享受农村五保供养待遇的，或者对不符合农村五保供养条件的村民批准其享受农村五保供养待遇的；（二）贪污、挪用、截留、私分农村五保供养款物的；（三）有其他滥用职权、玩忽职守、徇私舞弊行为的。"
3. 答：《农村五保供养工作条例》第7条规定，享受农村五保供养待遇，应当由村民本人向村民委员会提出申请；因年幼或者智力残疾无法表达意愿的，由村民小组或者其他村民代为提出申请。经村民委员会民主评议，对符合本条例第六条规定条件的，在本村范围内公告；无重大异议的，由村民委员会将评议意见和有关材料报送乡、民族乡、镇人民政府审核。乡、民族乡、镇人民政府应当自收到评议意见之日起 20 日内提出审核意见，并将审核意见和有关材料报送县级人民政府民政部门审批。县级人民政府民政部门应当自收到审核意见和有关材料之日起 20 日内作出审批决定。对批准给予农村五保供养待遇的，发给《农村五保供养证书》；对不符合条件不予批准的，应当书面说明理由。乡、民族乡、镇人民政府应当对申请人的家庭状况和经济条件进行调查核实；必要时，县级人民政府民政部门可以进行复核。申请人、有关组织或者个人应当配合、接受调查，如实提供有关情况。

4. 答：《农村五保供养工作条例》第 8 条第 2 款规定，农村五保供养对象死亡，丧葬事宜办理完毕后，村民委员会或者农村五保供养服务机构应当向乡、民族乡、镇人民政府报告，由乡、民族乡、镇人民政府报县级人民政府民政部门核准后，核销其《农村五保供养证书》。

七、农村五保供养服务机构管理办法

（一）判断题

1. 本办法所称农村五保供养服务机构，是指县级人民政府民政部门或者乡、民族乡、镇人民政府（以下简称主办机关）举办的，为农村五保供养对象提供供养服务的营利性机构。（　　）
2. 对自愿选择集中供养的农村五保供养对象，经县级人民政府民政部门安排，有供养能力的农村五保供养服务机构也可拒绝接收。（　　）
3. 农村五保供养服务机构可以因开展社会养老服务降低对农村五保供养对象的集中供养条件和服务水平。（　　）
4. 非集中供养的农村五保供养对象未满 16 周岁或者已满 16 周岁仍在接受义务教育的，农村五保供养服务机构应当依法保证其接受并完成义务教育，保障所需费用。（　　）
5. 农村五保供养服务机构的实际供养水平不得低于当地公布的农村五保集中供养标准。（　　）
6. 农村五保供养服务机构可以向集中供养的农村五保供养对象提供服务，具体服务方式由县级人民政府民政部门。（　　）
7. 院务管理委员会由农村五保供养服务机构多数人员民主选举产生。（　　）
8. 院务管理委员会中农村五保供养对象代表应当达到 1/3 以上。（　　）
9. 调解农村五保供养对象之间的矛盾纠纷不是院务管理委员会的职责。（　　）
10. 农村五保供养服务机构可以鼓励农村五保供养对象参加有益身心健康和力所能及的生产活动，并给予适当报酬。（　　）
11. 农村五保供养服务机构管理和使用的资产，任何单位和个人不得侵占，但办理登机后可以征用。（　　）
12. 农村五保供养服务机构负责人由农村五保供养服务机构聘任，其他工作

人员由主办机关聘用。(　　)

13. 农村五保供养对象的集中供养资金应当按照当地人民政府公布的集中供养标准，纳入村财政专项保障，并按时拨付到农村五保供养服务机构。(　　)

14. 农村五保供养服务机构应当将集中供养资金全部用于为农村五保供养对象提供供养服务，不得挪作他用。(　　)

15. 县级以上人民政府民政部门应当每年从本级福利彩票公益金中安排一定数量，用于支持农村五保供养服务机构建设和维护。(　　)

(二) 单项选择题

1. 符合条件的农村五保供养服务机构，应当依法办理(　　)登记。

A. 国有单位法人　　B. 事业单位法人

C. 慈善组织法人　　D. 集体单位法人

2. (　　)管理其举办的农村五保供养服务机构，并接受县级人民政府民政部门的业务指导。

A. 基层人民政府　　B. 村民自治委员会

C. 乡、民族乡、镇人民政府　　D. 居民自治委员会

3. 农村五保供养服务机构实行(　　)，具体评定办法另行。

A. 等级评定　　B. 服务评定

C. 职务评定　　D. 人员管理评定

4. 县级以上人民政府民政部门应当根据(　　)，会同有关部门编制农村五保供养服务机构建设专项规划，并组织实施。

A. 下级人民政府经济社会发展规划

B. 上级人民政府经济社会发展规划

C. 基层人民政府经济社会发展规划

D. 本级人民政府经济社会发展规划

5. 县级人民政府民政部门根据实际需要，可以建设能够满足若干乡、民族乡、镇农村五保供养对象(　　)需要的农村五保供养服务机构。

A. 分散供养　　B. 针对供养

C. 集中供养　　D. 结对帮扶供养

6. 农村五保供养服务机构的建设规模原则上不少于(　　)张床位。

A. 20　　B. 40

C. 60　　D. 80

7. 农村五保供养服务机构应当为每名农村五保供养对象提供使用面积不少于(　　)平方米的居住用房。

A. 6　　B. 8

C. 9　　D. 12

8. 农村五保供养服务机构应当(　　)生活不能自理的农村五保供养对象。

A. 着重供养　　B. 优先供养

C. 着重服务　　D. 着重供养

9. 乡、民族乡、镇人民政府应当与农村五保供养服务机构签订供养服务协议，委托其为农村五保供养对象提供供养服务。协议范本由县级人民政府民政部门制定，并报(　　)备案。

A. 本级民政部门　　B. 本级人公安部门

C. 上一级民政部门　　D. 上一级公安部门

10. 农村五保供养服务机构提供的供养服务，应当符合有关法律法规和规章的规定，符合国家的标准规范，尊重(　　)。

A. 供养对象习惯　　B. 少数民族习惯

C. 养老服务对象习惯　　D. 公序良俗

11. 经卫生行政部门许可，有条件的农村五保供养服务机构可以设立(　　)，为农村五保供养对象提供日常诊疗服务。

A. 诊疗室　　B. 恢复室

C. 问诊室　　D. 医务室

12. 农村五保供养服务机构应当提供(　　)，组织文化娱乐、体育健身等活动，丰富农村五保供养对象的精神生活。

A. 亲情化服务　　B. 细致化服务

C. 温暖化服务　　D. 关怀化服务

13. 农村五保供养服务机构实行(　　)。

A. 村长负责制　　B. 县长负责制

C. 镇长负责制　　D. 院长负责制

14. 农村五保供养服务机构应当设立(　　)，实行院务公开。

A. 院务组织委员会　　B. 院务管理委员会

C. 院务调配委员会　　D. 院务处理委员会

15. 组织协调农村五保供养对象开展自我服务和自我管理是(　　)的职责。

A. 院务管理委员会　　B. 村民委员会

C. 村长　　D. 人民政府民政部门

(三) 多项选择题

1. 县级以上人民政府民政部门对在农村五保供养服务机构(　　)工作中作出显著成绩的单位和个人，给予表彰和奖励。

A. 建设　　B. 改革

C. 管理　　D. 服务

2. (　　)的乡、民族乡、镇，应当建设能够满足当地农村五保供养对象集中供养需要的农村五保供养服务机构。

A. 农村经济发展水平较低　　B. 农村人口规模较大

C. 农村五保供养对象较多　　D. 农村老龄化程度较高

3. 农村五保供养服务机构建设应当符合国家有关的建筑设计规范和标准，坚持(　　)相结合，充分利用闲置的设施。

A. 缩建　　B. 改建

C. 扩建　　D. 新建

4. 农村五保供养服务机构应当配置基本生活设施，配备必要的膳食制作、(　　)等设备。

A. 医疗保健　　B. 文体娱乐

C. 供暖降温　　D. 办公管理

5. 接收患有(　　)农村五保供养对象的农村五保供养服务机构应当具备相应的治疗护理能力。

A. 精神病　　B. 残疾

C. 遗传病　　D. 传染病

6. 开展社会养老服务的农村五保供养服务机构应当与服务对象或者其赡养人签订协议，约定双方的(　　)。

A. 履行地点　　B. 权利
C. 履行时间　　D. 义务

7. (　　)应当遵守农村五保供养服务机构的规章制度，爱护公共财物，文明礼貌，团结互助。

A. 农村五保供养对象　　B. 农村五保供养机构工作人员
C. 社会养老服务对象　　D. 社会养老服务工作人员

8. 农村五保供养服务机构应当协助有关部门保障农村五保供养对象享受(　　)待遇。

A. 农村合作医疗　　B. 农村免费医疗
C. 农村医疗救助　　D. 农村医疗补助

9. 农村五保供养服务机构应当建立健全(　　)等规章制度，并向农村五保供养对象公开。

A. 财务管理　　B. 档案管理
C. 环境卫生　　D. 安全保卫

10. 院务管理委员会由(　　)组成。

A. 主办机关代表　　B. 农村社会养老服务对象代表
C. 农村五保供养对象代表　　D. 工作人员代表

11. 下列哪些选项属于院务管理委员会的职责？(　　)

A. 监督本机构各项规章制度的执行情况
B. 监督本机构财务收支和管理情况
C. 监督院长和工作人员的工作
D. 调解农村五保供养对象之间的矛盾纠纷

12. 农村五保供养服务机构应当根据服务对象的(　　)，配备工作人员。

A. 数量　　B. 家庭情况
C. 经济情况　　D. 需求

13. 农村五保供养服务机构或者其主办机关应当保障工作人员的工资待遇不低于当地最低工资标准，并为其办理相应的(　　)等社会保险。

A. 交通　　B. 养老
C. 医疗　　D. 工伤

14. 农村五保供养服务机构的(　　)应当按照财政预算管理程序申报，经审核后从财政预算中安排。

A. 医疗资金　　B. 建设资金

C. 管理资金　　D. 补助资金

15. 管理资金是指维持农村五保供养服务机构正常运转必需支出的各项费用，主要包括(　　)等。

A. 工作人员工资　　B. 办公经费

C. 设备设施购置维护经费　　D. 水电燃料费

16. 鼓励机关、(　　)向农村五保供养服务机构提供捐赠，帮助改善农村五保供养对象的生活条件。

A. 企业　　B. 事业单位

C. 社会组织　　D. 个人

17. 农村五保供养服务机构有哪些行为之一的，由县级人民政府民政部门或者乡、民族乡、镇人民政府责令限期改正；逾期不改正的，县级人民政府民政部门或者乡、民族乡、镇人民政府应当终止供养服务协议；造成损失的，依法承担赔偿责任？(　　)

A. 歧视、虐待农村五保供养对象的

B. 未尽到管理和服务义务致使农村五保供养对象合法权益遭受侵害的

C. 侵占农村五保供养对象财产的

D. 私分、挪用、截留农村五保供养款物的

(四) 填空题

1. 为了加强____，提高供养服务能力和水平，保障农村五保供养对象的正常生活，根据《农村五保供养工作条例》和国家有关规定，制定本办法。
2. 县级以上____负责本行政区域内的农村五保供养服务机构管理工作。
3. 农村五保供养服务机构应当建有厨房、餐厅、活动室、浴室、卫生间、办公室等____。
4. 有条件的农村五保供养服务机构应当具备开展____所必需的场地和设施。
5. 对自愿选择集中供养的农村五保供养对象，经县级人民政府民政部门安排，____的农村五保供养服务机构不得拒绝接收。
6. 农村五保供养服务机构在满足当地农村五保供养对象集中供养需要的基

础上，可以开展____。

7. ____的农村五保供养对象未满16周岁或者已满16周岁仍在接受义务教育的，农村五保供养服务机构应当依法保证其接受并完成义务教育，保障所需费用。
8. 有条件的农村五保供养服务机构应当为集中供养的____五保供养对象适配基本型辅助器具。
9. 农村五保供养服务机构提供的供养服务，应当符合有关法律法规和规章的规定，符合国家的标准规范，尊重____。
10. 农村五保供养服务机构应当协同驻地乡镇卫生院或者其他医疗机构为农村五保供养对象提供____。
11. 农村五保供养服务机构应当根据实际需要科学设定岗位，明确岗位要求和工作流程，实行____。
12. 农村五保供养服务机构可以采取多种形式开展____，其收入应当用于改善农村五保供养对象的生活，任何单位和个人不得侵占、挪用。
13. 有条件的农村五保供养服务机构应当配备____。
14. 农村五保供养服务机构或者其主办机关应当与工作人员订立____或者劳动合同。
15. 县级人民政府民政部门应当对农村五保供养服务机构工作人员进行____，考核合格的，准予上岗服务。
16. 鼓励其他____为农村五保供养对象提供供养服务，相关管理和服务参照本办法执行。

（五）简答题

1. 农村五保供养服务机构应当向农村五保供养对象提供哪些服务？
2. 院务管理委员会履行哪些职责？
3. 农村五保供养服务机构工作人员有哪些行为之一的，予以批评教育；情节严重的，予以辞退；造成损失的，依法承担赔偿责任；构成犯罪的，依法追究刑事责任？
4. 农村五保供养对象有哪些行为之一的，予以批评教育；情节严重的，停止集中供养；构成犯罪的，依法追究刑事责任？

参考答案

（一）判断题

1. ×，解析：《农村五保供养服务机构管理办法》第 2 条第 1 款规定，本办法所称农村五保供养服务机构，是指县级人民政府民政部门或者乡、民族乡、镇人民政府（以下简称主办机关）举办的，为农村五保供养对象提供供养服务的公益性机构。
2. ×，解析：《农村五保供养服务机构管理办法》第 11 条第 1 款规定，对自愿选择集中供养的农村五保供养对象，经县级人民政府民政部门安排，有供养能力的农村五保供养服务机构不得拒绝接收。
3. ×，解析：《农村五保供养服务机构管理办法》第 14 条第 3 款规定，农村五保供养服务机构不得因开展社会养老服务降低对农村五保供养对象的集中供养条件和服务水平。
4. ×，解析：《农村五保供养服务机构管理办法》第 16 条第 2 款规定，集中供养的农村五保供养对象未满 16 周岁或者已满 16 周岁仍在接受义务教育的，农村五保供养服务机构应当依法保证其接受并完成义务教育，保障所需费用。
5. √，解析：《农村五保供养服务机构管理办法》第 17 条。
6. ×，解析：《农村五保供养服务机构管理办法》第 21 条规定，农村五保供养服务机构可以向分散供养的农村五保供养对象提供服务，具体服务方式由县级人民政府民政部门。
7. ×，解析：《农村五保供养服务机构管理办法》第 24 条第 2 款规定："院务管理委员会由农村五保供养服务机构全体人员民主选举产生，履行以下职责：（一）监督本机构各项规章制度的执行情况；（二）监督本机构财务收支和管理情况；（三）监督院长和工作人员的工作；（四）调解农村五保供养对象之间的矛盾纠纷；（五）组织协调农村五保供养对象开展自我服务和自我管理；（六）其他院务管理职责。"
8. ×，解析：《农村五保供养服务机构管理办法》第 24 条第 1 款规定，农村五保供养服务机构应当设立院务管理委员会，实行院务公开。院务管理委员会由主办机关代表、农村五保供养对象代表和工作人员代表组成，其中农村五保供养对象代表应当达到 1/2 以上。
9. ×，解析：《农村五保供养服务机构管理办法》第 24 条第 2 款规定："院务管理委员会由农村五保供养服务机构全体人员民主选举产生，履行以下职责：（一）监督本机构各项规章制度的执行情况；（二）监督本机构财务收支和管理情况；（三）监督院长和工作人员的工作；（四）调解农村五保供养对象之间的矛盾纠纷；（五）组织协调农村五保供养对象开展自我服务和自我管理；（六）其他院务管理职责。”

10. √，解析：《农村五保供养服务机构管理办法》第 25 条第 2 款。
11. ×，解析：《农村五保供养服务机构管理办法》第 26 条规定，农村五保供养服务机构管理和使用的资产，任何单位和个人不得侵占，需要办理登记的应当依据有关规定办理登记手续。
12. ×，解析：《农村五保供养服务机构管理办法》第 28 条规定，农村五保供养服务机构负责人由主办机关聘任，其他工作人员由农村五保供养服务机构聘用。
13. ×，解析：《农村五保供养服务机构管理办法》第 32 条第 1 款规定，农村五保供养对象的集中供养资金应当按照当地人民政府公布的集中供养标准，纳入县乡财政专项保障，并按时拨付到农村五保供养服务机构。
14. √，解析：《农村五保供养服务机构管理办法》第 32 条第 2 款。
15. √，解析：《农村五保供养服务机构管理办法》第 33 条。

（二）单项选择题

1. B，解析：《农村五保供养服务机构管理办法》第 2 条第 2 款规定，符合条件的农村五保供养服务机构，应当依法办理事业单位法人登记。
2. C，解析：《农村五保供养服务机构管理办法》第 3 条第 2 款规定，乡、民族乡、镇人民政府管理其举办的农村五保供养服务机构，并接受县级人民政府民政部门的业务指导。
3. A，解析：《农村五保供养服务机构管理办法》第 4 条规定，农村五保供养服务机构实行等级评定，具体评定办法另行。
4. D，解析：《农村五保供养服务机构管理办法》第 6 条规定，县级以上人民政府民政部门应当根据本级人民政府经济社会发展规划，会同有关部门编制农村五保供养服务机构建设专项规划，并组织实施。
5. C，解析：《农村五保供养服务机构管理办法》第 7 条第 1 款规定，县级人民政府民政部门根据实际需要，可以建设能够满足若干乡、民族乡、镇农村五保供养对象集中供养需要的农村五保供养服务机构。
6. B，解析：《农村五保供养服务机构管理办法》第 8 条第 2 款规定，农村五保供养服务机构的建设规模原则上不少于40张床位。

7. A，解析：《农村五保供养服务机构管理办法》第9条第1款规定，农村五保供养服务机构应当为每名农村五保供养对象提供使用面积不少于6平方米的居住用房。
8. B，解析：《农村五保供养服务机构管理办法》第11条第2款规定，农村五保供养服务机构应当优先供养生活不能自理的农村五保供养对象。
9. C，解析：《农村五保供养服务机构管理办法》第13条规定，乡、民族乡、镇人民政府应当与农村五保供养服务机构签订供养服务协议，委托其为农村五保供养对象提供供养服务。协议范本由县级人民政府民政部门制定，并报上一级民政部门备案。
10. B，解析：《农村五保供养服务机构管理办法》第18条规定，农村五保供养服务机构提供的供养服务，应当符合有关法律法规和规章的规定，符合国家的标准规范，尊重少数民族习惯。
11. D，解析：《农村五保供养服务机构管理办法》第19条第2款规定，经卫生行政部门许可，有条件的农村五保供养服务机构可以设立医务室，为农村五保供养对象提供日常诊疗服务。
12. A，解析：《农村五保供养服务机构管理办法》第20条规定，农村五保供养服务机构应当提供亲情化服务，组织文化娱乐、体育健身等活动，丰富农村五保供养对象的精神生活。
13. D，解析：《农村五保供养服务机构管理办法》第23条第1款规定，农村五保供养服务机构实行院长负责制，主办机关应当定期对院长履行职责的情况进行考核。
14. B，解析：《农村五保供养服务机构管理办法》第24条第1款规定，农村五保供养服务机构应当设立院务管理委员会，实行院务公开。院务管理委员会由主办机关代表、农村五保供养对象代表和工作人员代表组成，其中农村五保供养对象代表应当达到1/2以上。
15. A，解析：《农村五保供养服务机构管理办法》第24条第2款规定："院务管理委员会由农村五保供养服务机构全体人员民主选举产生，履行以下职责：（一）监督本机构各项规章制度的执行情况；（二）监督本机构财务收支和管理情况；（三）监督院长和工作人员的工作；（四）调解农村五保供养对象之间的矛盾纠纷；（五）组织协调农村五保供养对象开展自我服务和自我管理；（六）其他院务管理职责。"

（三）多项选择题

1. ACD，解析：《农村五保供养服务机构管理办法》第 5 条规定，县级以上人民政府民政部门对在农村五保供养服务机构建设、管理和服务工作中作出显著成绩的单位和个人，给予表彰和奖励。
2. BC，解析：《农村五保供养服务机构管理办法》第 7 条第 1 款规定，农村人口规模较大、农村五保供养对象较多的乡、民族乡、镇，应当建设能够满足当地农村五保供养对象集中供养需要的农村五保供养服务机构。
3. BCD，解析：《农村五保供养服务机构管理办法》第 8 条规定，农村五保供养服务机构建设应当符合国家有关的建筑设计规范和标准，坚持改建、扩建、新建相结合，充分利用闲置的设施。
4. ABCD，解析：《农村五保供养服务机构管理办法》第 10 条第 1 款规定，农村五保供养服务机构应当配置基本生活设施，配备必要的膳食制作、医疗保健、文体娱乐、供暖降温、办公管理等设备。
5. AD，解析：《农村五保供养服务机构管理办法》第 12 条规定，接收患有精神病、传染病农村五保供养对象的农村五保供养服务机构应当具备相应的治疗护理能力。
6. BD，解析：《农村五保供养服务机构管理办法》第 14 条第 2 款规定，开展社会养老服务的农村五保供养服务机构应当与服务对象或者其赡养人签订协议，约定双方的权利和义务。
7. AC，解析：《农村五保供养服务机构管理办法》第 15 条规定，农村五保供养对象和社会养老服务对象应当遵守农村五保供养服务机构的规章制度，爱护公共财物，文明礼貌，团结互助。
8. AC，解析：《农村五保供养服务机构管理办法》第 19 条第 3 款规定，农村五保供养服务机构应当协助有关部门保障农村五保供养对象享受农村合作医疗和农村医疗救助待遇。
9. ABCD，解析：《农村五保供养服务机构管理办法》第 22 条规定，农村五保供养服务机构应当建立健全财务管理、档案管理、环境卫生、安全保卫等规章制度，并向农村五保供养对象公开。
10. ACD，解析：《农村五保供养服务机构管理办法》第 24 条第 1 款规定，农村五保供养服务机构应当设立院务管理委员会，实行院务公开。院务管理委员会由主办机关代表、农村五保供养对象代表和工作人员代表组成，其中农村五保供养对象代表应当达到 1/2 以上。

11. ABCD，解析：《农村五保供养服务机构管理办法》第 24 条第 2 款规定：“院务管理委员会由农村五保供养服务机构全体人员民主选举产生，履行以下职责：（一）监督本机构各项规章制度的执行情况；（二）监督本机构财务收支和管理情况；（三）监督院长和工作人员的工作；（四）调解农村五保供养对象之间的矛盾纠纷；（五）组织协调农村五保供养对象开展自我服务和自我管理；（六）其他院务管理职责。”

12. AD，解析：《农村五保供养服务机构管理办法》第 27 条第 1 款规定，农村五保供养服务机构应当根据服务对象的数量和需求，配备工作人员。

13. BCD，解析：《农村五保供养服务机构管理办法》第 29 条第 2 款规定，农村五保供养服务机构或者其主办机关应当保障工作人员的工资待遇不低于当地最低工资标准，并为其办理相应的养老、医疗、工伤等社会保险。

14. BC，解析：《农村五保供养服务机构管理办法》第 31 条第 1 款规定，农村五保供养服务机构的建设资金和管理资金应当按照财政预算管理程序申报，经审核后从财政预算中安排。

15. ABCD，解析：《农村五保供养服务机构管理办法》第 31 条第 2 款规定，管理资金是指维持农村五保供养服务机构正常运转必需支出的各项费用，主要包括工作人员工资、办公经费、设备设施购置维护经费和水电燃料费等。

16. ABCD，解析：《农村五保供养服务机构管理办法》第 34 条规定，鼓励机关、企业、事业单位、社会组织、个人向农村五保供养服务机构提供捐赠，帮助改善农村五保供养对象的生活条件。

17. ABC，解析：《农村五保供养服务机构管理办法》第 35 条规定：“农村五保供养服务机构有下列行为之一的，由县级人民政府民政部门或者乡、民族乡、镇人民政府责令限期改正；逾期不改正的，县级人民政府民政部门或者乡、民族乡、镇人民政府应当终止供养服务协议；造成损失的，依法承担赔偿责任：（一）歧视、虐待农村五保供养对象的；（二）未尽到管理和服务义务致使农村五保供养对象合法权益遭受侵害的；（三）侵占农村五保供养对象财产的；（四）其他违反规定的行为。”

（四）填空题

1. 农村五保供养服务机构管理。（《农村五保供养服务机构管理办法》第 1 条）
2. 人民政府民政部门。（《农村五保供养服务机构管理办法》第 3 条第 1 款）
3. 辅助用房。（《农村五保供养服务机构管理办法》第 9 条第 2 款）
4. 农副业生产。（《农村五保供养服务机构管理办法》第 10 条第 2 款）

5. 有供养能力。(《农村五保供养服务机构管理办法》第 11 条第 1 款)
6. 社会养老服务。(《农村五保供养服务机构管理办法》第 14 条第 1 款)
7. 集中供养。(《农村五保供养服务机构管理办法》第 16 条第 2 款)
8. 重度残疾。(《农村五保供养服务机构管理办法》第 16 条第 3 款)
9. 少数民族习惯。(《农村五保供养服务机构管理办法》第 18 条)
10. 日常诊疗服务。(《农村五保供养服务机构管理办法》第 19 条第 1 款)
11. 岗位责任制。(《农村五保供养服务机构管理办法》第 23 条第 2 款)
12. 农副业生产。(《农村五保供养服务机构管理办法》第 25 条第 1 款)
13. 专业社会工作者。(《农村五保供养服务机构管理办法》第 27 条第 2 款)
14. 聘用合同。(《农村五保供养服务机构管理办法》第 29 条第 1 款)
15. 业务培训。(《农村五保供养服务机构管理办法》第 30 条)
16. 社会福利机构。(《农村五保供养服务机构管理办法》第 38 条)

(五)简答题

1. 答:《农村五保供养服务机构管理办法》第 16 条第 1 款规定:“农村五保供养服务机构应当向农村五保供养对象提供下列服务:(一)提供符合食品卫生要求、适合农村五保供养对象需要的膳食;(二)提供服装、被褥等生活用品和零用钱;(三)提供符合居住条件的住房;(四)提供日常诊疗服务,对生活不能自理的给予护理照料;(五)妥善办理丧葬事宜。”
2. 答:《农村五保供养服务机构管理办法》第 24 条第 2 款规定:“院务管理委员会由农村五保供养服务机构全体人员民主选举产生,履行以下职责:(一)监督本机构各项规章制度的执行情况;(二)监督本机构财务收支和管理情况;(三)监督院长和工作人员的工作;(四)调解农村五保供养对象之间的矛盾纠纷;(五)组织协调农村五保供养对象开展自我服务和自我管理;(六)其他院务管理职责。”
3. 答:《农村五保供养服务机构管理办法》第 36 条规定:“农村五保供养服务机构工作人员有下列行为之一的,予以批评教育;情节严重的,予以辞退;造成损失的,依法承担赔偿责任;构成犯罪的,依法追究刑事责任:(一)私分、挪用、截留农村五保供养款物的;(二)私分、挪用农副业生产经营收入的;(三)辱骂、殴打、虐待农村五保供养对象的;(四)盗窃、侵占农村五保供养对象或者农村五保供养服务机构财产的;(五)其他违反规定的行为。”
4. 答:《农村五保供养服务机构管理办法》第 37 条规定:“农村五保供养对象

有下列行为之一的，予以批评教育；情节严重的，停止集中供养；构成犯罪的，依法追究刑事责任：（一）违反农村五保供养服务机构的规定，扰乱正常生活秩序的；（二）打架、斗殴，造成他人身体伤害的；（三）损毁、盗窃、侵占农村五保供养服务机构或者其他农村五保供养对象财产的；（四）其他违反规定的行为。”

八、中共中央、国务院关于加强老龄工作的决定

（一）判断题

1. 我国老龄工作基础还比较薄弱，不能很好地适应人口老龄化的要求。（　　）
2. 我国老龄事业发展建立社会养老为基础、家庭养老为依托、社区养老为补充的养老机制。（　　）
3. 依法取缔伤害老年人身体健康、宣传迷信邪说、侵害老年人合法权益的非法组织。（　　）
4. 老年人也要学法、懂法、守法，依法维护自身的合法权益。（　　）
5. 各级人民法院对老年人因合法权益受到侵害提起诉讼交纳诉讼费确有困难的，要给予缓交、减交或免交的优待。（　　）
6. 要着重运用行政、法律手段，在全社会树立尊重、关心、帮助老年人的社会风尚。（　　）
7. 在农村，要坚持以农村养老为主，进一步完善社会救济和以保吃、保穿、保住、保医、保葬为内容的“五保”供养制度，倡导村民互助。（　　）
8. 老年人受赡养的权利，赡养人特别是配偶要依法履行赡养义务。（　　）
9. 要切实保障老年人住房、财产、继承等合法权益，重视和解决好老年问题。（　　）
10. 各级医疗卫生机构要增加社区老年医疗保健设施，发展家庭病床，采取定点、巡回、上门服务等多种形式，为老年人提供预防、医疗、保健、护理、康复和心理咨询等服务。（　　）
11. 老年服务业的发展要走社会化、产业化的道路。（　　）

（二）单项选择题

1. 下列哪一项不是加强老龄工作、发展老龄事业要遵循的原则？（　　）

   A. 坚持关心老年人生活以及老龄妇女的特殊问题与加强思想政治工作相

结合

B. 坚持道德规范与法律约束相结合

C. 充分发挥家庭养老的积极作用，建立和完善老年社会服务体系

D. 广泛开展敬老养老生活教育，加强老龄工作服务园建立

2. 下列哪一项不是今后一个时期我国老龄事业发展的主要目标？(　　)

A. 努力建立和完善有中国特色老年社会保障制度和社会互助制度

B. 加强老龄工作法制建立

C. 切实提高老年人的物质和精神文化生活水平

D. 逐步建立比较完善的以老年福利、生活照料、医疗保健、体育健身、文化教育和法律服务为主要内容的老年服务体系

3. 要加强法制建设，进一步完善有关维护老年人权益的法律法规，加大执法和监督力度，依法处理和打击(　　)的不法行为。

A. 侵犯老年人合法权益

B. 侵犯老年人身体健康

C. 侵犯老年人财产权益

D. 侵犯老年人身心健康

4. 要在全社会积极开展维护老年人合法权益的法制教育和(　　)。

A. 宣传工作　　B. 教育工作

C. 法制工作　　D. 普法工作

5. 各级(　　)对需要获得律师及其他法律帮助但又无力支付法律服务费用的老年人，要按照有关规定向他们提供法律援助。

A. 司法行政部门　　B. 司法部门

C. 行政部门　　D. 民政部门

6. 中央和省级广播电视机构要开办(　　)，地、县级广播电视机构要结合本地情况进行转播，其他有条件的地方也可开办。

A. 普法节目　　B. 教育节目

C. 老年节目　　D. 老年娱乐节目

7. (　　)要把敬老、养老、助老作为教育的重要内容纳入教育计划。

A. 初高中学校

B. 小初高学校

C. 学前教育、小初高学校、高等学校

D. 中小学校

8. 积极推进医疗保险制度改革，建立覆盖城镇所有用人单位及其职工的基本医疗保险制度，落实(　　)人员的医疗保障政策，发展各种类型的补充医疗保险，满足老年人的基本医疗需求。

A. 离休　　B. 离休和退休

C. 退休　　D. 残疾

9. 要维护老年人婚姻自由的权利。要移风易俗，转变观念，支持单身老年人(　　)。

A. 自由恋爱结婚　　B. 自由择偶

C. 自由择偶结婚　　D. 自由择偶

10. 重视发挥老年人的作用，坚持自愿和量力、社会需求同(　　)相结合的原则，鼓励老年人从事关心教育下一代、传授科学文化知识、开展咨询服务、参与社会公益事业和社区精神文明建设等活动。

A. 个人志趣　　B. 个人意愿

C. 个体情况　　D. 个体条件

11. 今后企事业单位的退休人员要逐步与所在单位相脱离，由(　　)管理和服务。

A. 村委会　　B. 居委会

C. 基层自治组织　　D. 社区组织

(三) 多项选择题

1. 老龄问题涉及政治、经济、文化和社会生活等诸多领域，是关系(　　)的一个重大社会问题。

A. 国计民生　　B. 国家安全

C. 国家长治久安　　D. 国家经济发展

2. 全党全社会必须从(　　)的大局出发，高度重视和切实加强老龄工作。

A. 创新　　B. 改革

C. 发展　　D. 稳定

3. (　　)，是我国社会主义制度优越性的体现和社会文明进步的重要标志，是经济发展、社会进步、人民生活水平提高、医疗卫生条件改善的重大成果。

A. 人口平均寿命延长　　B. 出生率降低

C. 死亡率降低　　D. 老年人口增加

4. 国家颁布实施了一系列维护老年人权益的法律法规和政策，加强了尊老爱幼思想教育，初步建立了养老、医疗等社会保障制度，老年(　　)、体育等事业有了一定发展，老年人的生活水平和生活质量不断提高。

A. 福利　　B. 卫生

C. 文化　　D. 教育

5. 我国老龄工作存在的主要问题是：对人口老龄化问题认识不足，(　　)，侵犯老年人合法权益的现象时有发生。

A. 老龄工作政策、法规不够健全

B. 社会保障制度尚不完善

C. 社区管理和老年服务设施、服务网络建设滞后

D. 老年思想政治工作薄弱

6. 在社会主义市场经济条件下，要弘扬中华民族传统美德，形成(　　)以及代际和谐的良好社会风尚。

A. 敬老　　B. 爱老

C. 养老　　D. 助老

7. 下列哪些选项是我国老龄工作的指导思想？(　　)

A. 马克思列宁主义

B. 完善社会保障制度

C. 建立健全社区管理和社区服务体系

D. 维护老年人的合法权益

8. 加强老龄工作，发展老龄事业要遵循以下哪些原则？(　　)

A. 坚持老龄事业与国民经济和社会发展相适应

B. 坚持政府引导与社会兴办相结合

C. 按照社会主义市场经济的要求积极发展老年服务业

D. 坚持道德规范与法律约束相结合

9. 我国老龄事业发展建立(　　)的养老机制。

A. 敬老养老道德教育为基本点

B. 家庭养老为基础

C. 社区服务为依托

D. 社会养老为补充

10. 我国老龄事业发展逐步建立比较完善的以老年福利、生活照料、(　　)为主要内容的老年服务体系，切实提高老年人的物质和精神文化生活水平。

A. 医疗保健　　B. 体育健身

C. 文化教育　　D. 法律服务

11. 我国老龄事业发展的主要目标之一是基本实现老有所养、老有所医、(　　)。

A. 老有所教　　B. 老有所学

C. 老有所为　　D. 老有所乐

12. 依法取缔伤害老年人(　　)的非法组织。

A. 身心健康　　B. 身体健康

C. 宣传迷信邪说　　D. 侵害老年人合法权益

13. 要重视保护老年人合法权益，健全法律援助制度，加强老年人法律服务工作，使老年人能够(　　)地得到优质的法律服务。

A. 就便　　B. 就地

C. 就近　　D. 及时

14. 在城镇，要建立起以基本养老保险、基本医疗保险、(　　)为主要内容的比较完善的养老保障体系。

A. 商业保险　　B. 社会救济

C. 社会福利　　D. 社会互助

15. 在城镇，要逐步建立起独立于(　　)的基本养老保险制度。

A. 企事业单位之外　　B. 资金来源多渠道

C. 管理服务社会化　　D. 管理服务亲情化

16. 各地要充分利用现有设施，积极兴办不同形式、不同档次的(　　)等，为老年人提供生活照料、文化、护理、健身等多方面的服务。

A. 老年福利院　　B. 老年护理院

C. 老年公寓　　　　　　　　D. 托老所

（四）填空题

1. 新中国建立后特别是____以来，国家颁布实施了一系列维护老年人权益的法律法规和政策，加强了尊老爱幼思想教育。
2. ____取得的进展和成绩，对推动经济建设和社会发展起到了重要作用。
3. 老年人是社会的重要组成部分，他们为____作出了重要贡献。
4. 满足广大老年人日益增长的物质和文化生活需要，让老年人共享经济建设和社会发展的成果，是中国共产党____根本宗旨的体现，是在新的历史条件下贯彻落实江泽民同志关于“三个代表”重要思想的体现，也是国家和社会义不容辞的责任。
5. 坚持关心老年人生活以及____与加强思想政治工作相结合，因地制宜地开展老龄工作，发展老龄事业。
6. 我国老龄事业发展要从我国社会主义初级阶段的基本国情出发，努力建立和完善有中国特色老年社会保障制度和____制度。
7. 全社会都要依据《中华人民共和国宪法》和《____》等法律法规，切实维护和保障老年人的合法权益。
8. 各级司法行政部门对需要获得律师及其他法律帮助但又____的老年人，要按照有关规定向他们提供法律援助。
9. 要大力弘扬____，在全社会广泛开展敬老、养老、助老的道德教育，并与开展中华民族传统美德。
10. 完善____，逐步建立国家、社会、家庭和个人相结合的养老保障机制，确保老年人生活、医疗等方面的基本需求。
11. 要进一步完善城市居民最低生活保障制度，对实际收入低于所在城市最低生活保障线的老年人，要纳入最低生活保障范围，发放____。
12. 不断完善农村合作医疗制度，积极探索多种形式的农村医疗保障制度，加快农村医疗卫生组织建设。完善农村基层卫生服务网络，切实解决贫困地区老年人____问题。
13. 倡导赡养人之间签订____，并由基层组织监督执行。
14. ____要充分发挥信贷支持作用，热情关注、积极支持社区老年服务设施、活动场所和福利设施的建设，按照信贷通则加大贷款支持力度。

（五）简答题

1. 我国老龄工作的主要问题是哪些？
2. 简述加强老龄工作、发展老龄事业要遵循的原则。

参考答案

（一）判断题

1. √，解析：《中共中央、国务院关于加强老龄工作的决定》第2条。
2. ×，解析：《中共中央、国务院关于加强老龄工作的决定》第6条规定，今后一个时期我国老龄事业发展的主要目标是：从我国社会主义初级阶段的基本国情出发，努力建立和完善有中国特色老年社会保障制度和社会互助制度；建立家庭养老为基础、社区服务为依托、社会养老为补充的养老机制；逐步建立比较完善的以老年福利、生活照料、医疗保健、体育健身、文化教育和法律服务为主要内容的老年服务体系，切实提高老年人的物质和精神文化生活水平，基本实现老有所养、老有所医、老有所教、老有所学、老有所为、老有所乐。
3. ×，解析：《中共中央、国务院关于加强老龄工作的决定》第7条规定，要加强法制建设，进一步完善有关维护老年人权益的法律法规，加大执法和监督力度，依法处理和打击侵犯老年人合法权益的不法行为。依法取缔伤害老年人身心健康、宣传迷信邪说、侵害老年人合法权益的非法组织。
4. √，解析：《中共中央、国务院关于加强老龄工作的决定》第7条。
5. √，解析：《中共中央、国务院关于加强老龄工作的决定》第7条。
6. ×，解析：《中共中央、国务院关于加强老龄工作的决定》第7条规定，要综合运用行政、法律和宣传、教育等手段，在全社会树立尊重、关心、帮助老年人的社会风尚。
7. ×，解析：《中共中央、国务院关于加强老龄工作的决定》第8条规定，在农村，要坚持以家庭养老为主，进一步完善社会救济和以保吃、保穿、保住、保医、保葬为内容的“五保”供养制度，倡导村民互助。
8. ×，解析：《中共中央、国务院关于加强老龄工作的决定》第9条规定，老年人受赡养的权利，赡养人特别是子女要依法履行赡养义务。

9. ×，解析:《中共中央、国务院关于加强老龄工作的决定》第9条规定，要切实保障老年人住房、财产、继承等合法权益，重视和解决好老年妇女问题。

10. √，解析:《中共中央、国务院关于加强老龄工作的决定》第11条。

11. √，解析:《中共中央、国务院关于加强老龄工作的决定》第12条。

（二）单项选择题

1. D，解析:《中共中央、国务院关于加强老龄工作的决定》第5条规定，加强老龄工作，发展老龄事业要遵循以下原则：坚持老龄事业与国民经济和社会发展相适应，促进老龄事业健康发展；坚持家庭养老与社会养老相结合，充分发挥家庭养老的积极作用，建立和完善老年社会服务体系；坚持政府引导与社会兴办相结合，按照社会主义市场经济的要求积极发展老年服务业；坚持道德规范与法律约束相结合，广泛开展敬老养老道德教育，加强老龄工作法制建立；坚持关心老年人生活以及老龄妇女的特殊问题与加强思想政治工作相结合，因地制宜地开展老龄工作，发展老龄事业。

2. B，解析:《中共中央、国务院关于加强老龄工作的决定》第6条规定，今后一个时期我国老龄事业发展的主要目标是：从我国社会主义初级阶段的基本国情出发，努力建立和完善有中国特色老年社会保障制度和社会互助制度；建立家庭养老为基础、社区服务为依托、社会养老为补充的养老机制；逐步建立比较完善的以老年福利、生活照料、医疗保健、体育健身、文化教育和法律服务为主要内容的老年服务体系，切实提高老年人的物质和精神文化生活水平，基本实现老有所养、老有所医、老有所教、老有所学、老有所为、老有所乐。

3. A，解析:《中共中央、国务院关于加强老龄工作的决定》第7条规定，要加强法制建设，进一步完善有关维护老年人权益的法律法规，加大执法和监督力度，依法处理和打击侵犯老年人合法权益的不法行为。依法取缔伤害老年人身心健康、宣传迷信邪说、侵害老年人合法权益的非法组织。

4. D，解析:《中共中央、国务院关于加强老龄工作的决定》第7条规定，要在全社会积极开展维护老年人合法权益的法制教育和普法工作。各级司法行政和宣传部门要把老年人权益保障法等相关法律法规纳入普法计划，加大宣传力度，进一步提高全体公民维护老年人合法权益的自觉性和法律意识。老年人也要学法、懂法、守法，依法维护自身的合法权益。

5. A，解析:《中共中央、国务院关于加强老龄工作的决定》第7条规定，要重视保护老年人合法权益，健全法律援助制度，加强老年人法律服务工作，使老年人能够就地、就近、及时地得到优质的法律服务。各级司法行政部门对需要获得律师及其他法律帮助但又无力支付法律服务费用的老年人，要按照有关规定向他们提供法律援助。各级人民法院对老年人因合法权益受到侵害提起诉讼交纳诉讼费确有困难的，要给予缓交、减交或免交的优待。

6. C，解析：《中共中央、国务院关于加强老龄工作的决定》第7条规定，要大力弘扬中华民族传统美德，在全社会广泛开展敬老、养老、助老的道德教育，并与开展文明社区、文明村镇、文明家庭创建活动结合起来。中央和省级广播电视机构要开办老年节目，地、县级广播电视机构要结合本地情况进行转播，其他有条件的地方也可开办老年节目。中小学校要把敬老、养老、助老作为教育的重要内容纳入教育计划。要综合运用行政、法律和宣传、教育等手段，在全社会树立尊重、关心、帮助老年人的社会风尚。

7. D，解析：《中共中央、国务院关于加强老龄工作的决定》第7条规定，要大力弘扬中华民族传统美德，在全社会广泛开展敬老、养老、助老的道德教育，并与开展文明社区、文明村镇、文明家庭创建活动结合起来。中央和省级广播电视机构要开办老年节目，地、县级广播电视机构要结合本地情况进行转播，其他有条件的地方也可开办老年节目。中小学校要把敬老、养老、助老作为教育的重要内容纳入教育计划。要综合运用行政、法律和宣传、教育等手段，在全社会树立尊重、关心、帮助老年人的社会风尚。

8. B，解析：《中共中央、国务院关于加强老龄工作的决定》第8条规定，积极推进医疗保险制度改革，建立覆盖城镇所有用人单位及其职工的基本医疗保险制度，落实离休和退休人员的医疗保障政策，发展各种类型的补充医疗保险，满足老年人的基本医疗需求。

9. C，解析：《中共中央、国务院关于加强老龄工作的决定》第9条规定，要维护老年人婚姻自由的权利。要移风易俗，转变观念，支持单身老年人自由择偶结婚。对再婚老年人，子女要给予理解和支持，并继续依法承担赡养义务。提倡和鼓励老年人之间建立互助关系。

10. A，解析：《中共中央、国务院关于加强老龄工作的决定》第10条规定，重视发挥老年人的作用，坚持自愿和量力、社会需求同个人志趣相结合的原则，鼓励老年人从事关心教育下一代、传授科学文化知识、开展咨询服务、参与社会公益事业和社区精神文明建设等活动。

11. D，解析：《中共中央、国务院关于加强老龄工作的决定》第11条规定，要加强社区建设，依托社区发展老年服务业，进一步完善社区为老年人服务的功能。今后企事业单位的退休人员要逐步与所在单位相脱离，由社区组织管理和服务。要充分发挥社区组织在老龄事业发展中的积极作用，加快社区老年服务设施和服务网络建设，努力形成设施配套、功能完善、管理规范的社区老年服务体系。

（三）多项选择题

1. AC，解析：《中共中央、国务院关于加强老龄工作的决定》规定，老龄问题涉及政治、经济、文化和社会生活等诸多领域，是关系国计民生和国家长治久安的一个重大社会问题。全党全社会必须从改革、发展、稳定的大局出发，高度重视和切实加强老龄工作。
2. BCD，解析：《中共中央、国务院关于加强老龄工作的决定》规定，老龄问题涉及政治、经济、文化和社会生活等诸多领域，是关系国计民生和国家长治久安的一个重大社会问题。全党全社会必须从改革、发展、稳定的大局出发，高度重视和切实加强老龄工作。
3. AD，解析：《中共中央、国务院关于加强老龄工作的决定》第 1 条规定，人口平均寿命延长，老年人口增加，是我国社会主义制度优越性的体现和社会文明进步的重要标志，是经济发展、社会进步、人民生活水平提高、医疗卫生条件改善的重大成果。但是，人口老龄化也给我国经济和社会发展带来一系列深刻影响。采取积极措施，加强老龄工作，是一项重要而紧迫的战略任务。
4. ABCD，解析：《中共中央、国务院关于加强老龄工作的决定》第 2 条规定，新中国建立后特别是改革开放以来，国家颁布实施了一系列维护老年人权益的法律法规和政策，加强了尊老爱幼思想教育，初步建立了养老、医疗等社会保障制度，老年福利、卫生、文化、教育、体育等事业有了一定发展，老年人的生活水平和生活质量不断提高。老龄工作取得的进展和成绩，对推动经济建设和社会发展起到了重要作用。
5. ABCD，解析：《中共中央、国务院关于加强老龄工作的决定》第 2 条规定，我国老龄工作基础还比较薄弱，不能很好地适应人口老龄化的要求。主要问题是：对人口老龄化问题认识不足，老龄工作政策、法规不够健全，社会保障制度尚不完善，社区管理和老年服务设施、服务网络建设滞后，老年思想政治工作薄弱，侵犯老年人合法权益的现象时有发生。
6. ACD，解析：《中共中央、国务院关于加强老龄工作的决定》第 3 条规定，在社会主义市场经济条件下，弘扬中华民族传统美德，形成敬老、养老、助老以及代际和谐的良好社会风尚，是社会主义精神文明建设的一项重要内容。

7. ABCD，解析：《中共中央、国务院关于加强老龄工作的决定》第4条规定，我国老龄工作的指导思想是：以马克思列宁主义、毛泽东思想、邓小平理论为指导，贯彻党的十五大精神，从我国的基本国情出发，适应人口老龄化的发展趋势，完善社会保障制度，建立健全社区管理和社区服务体系，发展老年服务业，维护老年人的合法权益，加强老年思想政治工作，开创老龄工作新局面。

8. ABCD，解析：《中共中央、国务院关于加强老龄工作的决定》第5条规定，加强老龄工作，发展老龄事业要遵循以下原则：坚持老龄事业与国民经济和社会发展相适应，促进老龄事业健康发展；坚持家庭养老与社会养老相结合，充分发挥家庭养老的积极作用，建立和完善老年社会服务体系；坚持政府引导与社会兴办相结合，按照社会主义市场经济的要求积极发展老年服务业；坚持道德规范与法律约束相结合，广泛开展敬老养老道德教育，加强老龄工作法制建立；坚持关心老年人生活以及老龄妇女的特殊问题与加强思想政治工作相结合，因地制宜地开展老龄工作，发展老龄事业。

9. BCD，解析：《中共中央、国务院关于加强老龄工作的决定》第6条规定，今后一个时期我国老龄事业发展的主要目标是：从我国社会主义初级阶段的基本国情出发，努力建立和完善有中国特色老年社会保障制度和社会互助制度；建立家庭养老为基础、社区服务为依托、社会养老为补充的养老机制；逐步建立比较完善的以老年福利、生活照料、医疗保健、体育健身、文化教育和法律服务为主要内容的老年服务体系，切实提高老年人的物质和精神文化生活水平，基本实现老有所养、老有所医、老有所教、老有所学、老有所为、老有所乐。

10. ABCD，解析：《中共中央、国务院关于加强老龄工作的决定》第6条规定，今后一个时期我国老龄事业发展的主要目标是：从我国社会主义初级阶段的基本国情出发，努力建立和完善有中国特色老年社会保障制度和社会互助制度；建立家庭养老为基础、社区服务为依托、社会养老为补充的养老机制；逐步建立比较完善的以老年福利、生活照料、医疗保健、体育健身、文化教育和法律服务为主要内容的老年服务体系，切实提高老年人的物质和精神文化生活水平，基本实现老有所养、老有所医、老有所教、老有所学、老有所为、老有所乐。

11. ABCD，解析：《中共中央、国务院关于加强老龄工作的决定》第 6 条规定，今后一个时期我国老龄事业发展的主要目标是：从我国社会主义初级阶段的基本国情出发，努力建立和完善有中国特色老年社会保障制度和社会互助制度；建立家庭养老为基础、社区服务为依托、社会养老为补充的养老机制；逐步建立比较完善的以老年福利、生活照料、医疗保健、体育健身、文化教育和法律服务为主要内容的老年服务体系，切实提高老年人的物质和精神文化生活水平，基本实现老有所养、老有所医、老有所教、老有所学、老有所为、老有所乐。

12. ACD，解析：《中共中央、国务院关于加强老龄工作的决定》第 7 条规定，要加强法制建设，进一步完善有关维护老年人权益的法律法规，加大执法和监督力度，依法处理和打击侵犯老年人合法权益的不法行为。依法取缔伤害老年人身心健康、宣传迷信邪说、侵害老年人合法权益的非法组织。

13. BCD，解析：《中共中央、国务院关于加强老龄工作的决定》第 7 条规定，要重视保护老年人合法权益，健全法律援助制度，加强老年人法律服务工作，使老年人能够就地、就近、及时地得到优质的法律服务。各级司法行政部门对需要获得律师及其他法律帮助但又无力支付法律服务费用的老年人，要按照有关规定向他们提供法律援助。各级人民法院对老年人因合法权益受到侵害提起诉讼交纳诉讼费确有困难的，要给予缓交、减交或免交的优待。

14. ABCD，解析：《中共中央、国务院关于加强老龄工作的决定》第 8 条规定，在城镇，要建立起以基本养老保险、基本医疗保险、商业保险、社会救济、社会福利和社会互助为主要内容的比较完善的养老保障体系。

15. ABC，解析：《中共中央、国务院关于加强老龄工作的决定》第 8 条规定，在城镇，要建立起以基本养老保险、基本医疗保险、商业保险、社会救济、社会福利和社会互助为主要内容的比较完善的养老保障体系。逐步建立起独立于企事业单位之外、资金来源多渠道、管理服务社会化的基本养老保险制度。

16. ABCD，解析：《中共中央、国务院关于加强老龄工作的决定》第 11 条规定，各地要充分利用现有设施，积极兴办不同形式、不同档次的老年福利院、老年护理院、老年公寓、托老所等，为老年人提供生活照料、文化、护理、健身等多方面的服务。

（四）填空题

1. 改革开放。（《中共中央、国务院关于加强老龄工作的决定》第2条）
2. 老龄工作。（《中共中央、国务院关于加强老龄工作的决定》第2条）
3. 中国革命和建设。（《中共中央、国务院关于加强老龄工作的决定》第3条）
4. 全心全意为人民服务。（《中共中央、国务院关于加强老龄工作的决定》第3条）
5. 老龄妇女的特殊问题。（《中共中央、国务院关于加强老龄工作的决定》第5条）
6. 社会互助。（《中共中央、国务院关于加强老龄工作的决定》第6条）
7. 中华人民共和国老年人权益保障法。（《中共中央、国务院关于加强老龄工作的决定》第7条）
8. 无力支付法律服务费用。（《中共中央、国务院关于加强老龄工作的决定》第7条）
9. 文明社区、文明村镇、文明家庭创建活动结合起来。（《中共中央、国务院关于加强老龄工作的决定》第7条）
10. 社会保障制度。（《中共中央、国务院关于加强老龄工作的决定》第8条）
11. 最低生活保障金。（《中共中央、国务院关于加强老龄工作的决定》第8条）
12. 缺医少药。（《中共中央、国务院关于加强老龄工作的决定》第8条）
13. 《家庭赡养协议书》。（《中共中央、国务院关于加强老龄工作的决定》第9条）
14. 金融机构。（《中共中央、国务院关于加强老龄工作的决定》第18条）

（五）简答题

1. 答:《中共中央、国务院关于加强老龄工作的决定》第2条规定，我国老龄工作基础还比较薄弱，不能很好地适应人口老龄化的要求。主要问题是：对人口老龄化问题认识不足，老龄工作政策、法规不够健全，社会保障制度尚不完善，社区管理和老年服务设施、服务网络建设滞后，老年思想政治工作薄弱，侵犯老年人合法权益的现象时有发生。
2. 答:《中共中央、国务院关于加强老龄工作的决定》第5条规定，加强老龄工作，发展老龄事业要遵循以下原则：坚持老龄事业与国民经济和社会发展相适应，促进老龄事业健康发展；坚持家庭养老与社会养老相结合，充分发挥家庭养老的积极作用，建立和完善老年社会服务体系；坚持政府引导与社会兴办相结合，按照社会主义市场经济的要求积极发展老年服务业；坚持道德规范与法律约束相结合，广泛开展敬老养老道德教育，加强老龄工作法制建立；坚持关心老年人生活以及老龄妇女的特殊问题与加强思想政治工作相结合，因地制宜地开展老龄工作，发展老龄事业。

九、中共中央、国务院印发《国家积极应对人口老龄化中长期规划》

（一）判断题

1.《国家积极应对人口老龄化中长期规划》指出，人口老龄化是社会发展的重要趋势，是人类文明进步的体现，也是今后较长一段时期我国的基本国情。（　　）

2. 人口老龄化对经济运行部分领域、社会建设各环节、社会文化多方面乃至国家综合实力和国际竞争力，都具有深远影响，挑战与机遇并存。（　　）

3. 通过完善全民收入分配体系，优化政府、企业、居民之间的分配格局，稳步增加养老财富储备。（　　）

4. 深入实施创新驱动发展战略，把技术创新作为积极应对人口老龄化的第一动力和战略支撑，全面提升国营经济产业体系智能化水平。（　　）

5. 构建家庭支持体系，建设老年友好型社会，形成老年人、家庭、社会、政府共同参与的良好氛围。（　　）

6. 健全以社区为基础、居家为依托、机构充分发展、医养有机结合的多层次养老服务体系，多渠道、多领域扩大适老产品和服务供给，提升产品和服务质量。（　　）

7.《规划》要求，坚持党对积极应对人口老龄化工作的领导，坚持党政主要负责人亲自抓、负全责，强化各级政府落实规划的主体责任，进一步完善组织协调机制。（　　）

8. 人口老龄化只对国家综合实力和国际竞争力，具有深远影响。（　　）

（二）单项选择题

1. 为积极应对人口老龄化，按照党的（　　）决策部署，近日，中共中央、国务院印发了《国家积极应对人口老龄化中长期规划》（以下简称《规划》）。

A. 十九大　　B. 十八大

C. 十七大　　D. 十六大

2. (　　)不是《国家积极应对人口老龄化中长期规划》明确的积极应对人口老龄化的战略目标。

A. 顺利建成社会主义现代化强国

B. 实现中华民族伟大复兴的中国梦

C. 教育制度发展更加完善

D. 积极应对人口老龄化的制度基础持续巩固

3. 到(　　)年，我国积极应对人口老龄化的制度框架初步建立。

A. 2021　　B. 2022

C. 2025　　D. 2030

4. 通过完善(　　)，优化政府、企业、居民之间的分配格局，稳步增加养老财富储备。

A. 经济收入分配体系　　B. 全民收入分配体系

C. 国家收入分配体系　　D. 国民收入分配体系

5. 积极推进(　　)，建立和完善包括健康教育、预防保健、疾病诊治、康复护理、长期照护、安宁疗护的综合、连续的老年健康服务体系。

A. 老龄化社会建设　　B. 老龄化科技创新社会

C. 健康中国建设　　D. 健康老龄化社会建设

6. 多层次养老服务体系不包括(　　)。

A. 居家为基础　　B. 家庭为依托

C. 机构充分发展　　D. 医养有机结合

7.《国家积极应对人口老龄化中长期规划》要求，坚持党对积极应对人口老龄化工作的领导，坚持党政主要负责人(　　)，强化各级政府落实规划的主体责任，进一步完善组织协调机制。

A. 亲自抓，负总责　　B. 亲自把控，负总责

C. 亲自抓，负全责　　D. 亲自把控，负全责

8.《国家积极应对人口老龄化中长期规划》要求强化对规划实施的监督，确

保规划落实，不包括(　　)。

A. 建立健全工作机制　　B. 构建家庭支持体系

C. 实施监管　　D. 考核问责制度

9. 积极应对人口老龄化，是贯彻以人民为中心的发展思想的(　　)，是实现经济高质量发展的(　　)，是维护国家安全和社会和谐稳定的(　　)。

A. 必要保障；内在要求；重要举措

B. 重要举措；必要保障；内在要求

C. 内在要求；必要保障；重要举措

D. 重要举措；内在要求；必要保障

(三) 多项选择题

1. 《国家积极应对人口老龄化中长期规划》近期至2022年，中期至2035年，远期展望至2050年，是到本世纪中叶我国积极应对人口老龄化的(　　)文件。

A. 深远性　　B. 战略性

C. 综合性　　D. 指导性

2. 人口老龄化对(　　)乃至国家综合实力和国际竞争力，都具有深远影响，挑战与机遇并存。

A. 经济运行全领域　　B. 社会建设各环节

C. 社会文化多方面　　D. 经济运行部分领域

3. 《国家积极应对人口老龄化中长期规划》强调，积极应对人口老龄化，是(　　)。

A. 是今后较长一段时期我国的基本国情

B. 是人类文明进步的体现

C. 是实现经济高质量发展的必要保障

D. 是维护国家安全和社会和谐稳定的重要举措

4. 要按照经济高质量发展的要求，坚持以供给侧结构性改革为主线，构建管长远的制度框架，制定见实效的重大政策，坚持(　　)的基本原则，走出一条中国特色应对人口老龄化道路。

A. 积极应对　　B. 共建共享

C. 量力适度　　D. 创新开放

5. (　　)是《国家积极应对人口老龄化中长期规划》明确的积极应对人口老龄化的战略目标。

A. 教育制度发展更加完善　　B. 财富储备日益充沛

C. 产品和服务丰富优质　　D. 科技支撑更加有力

6. (　　)是《国家积极应对人口老龄化中长期规划》部署的应对人口老龄化的具体工作任务。

A. 夯实应对人口老龄化的社会财富储备

B. 改善人口老龄化背景下的劳动力有效供给

C. 打造高质量的为老服务和产品供给体系

D. 强化应对人口老龄化的科技创新能力

7. 通过(　　)，实现经济发展与人口老龄化相适应。

A. 扩大总量　　B. 优化结构

C. 劳动力有效供给　　D. 提高效益

8. 通过(　　)，提高我国人力资源整体素质。

A. 提高出生人口素质

B. 提升新增劳动力质量

C. 构建老有所学的终身学习体系

D. 完善国民收入分配体系

9. 通过完善国民收入分配体系，优化(　　)之间的分配格局，稳步增加养老财富储备。健全更加公平更可持续的社会保障制度，持续增进全体人民的福祉水平。

A. 个人　　B. 政府

C. 企业　　D. 居民

10. 推进人力资源开发利用，实现更高质量和更加充分就业，确保积极应对人口老龄化的人力资源(　　)。

A. 水平高　　B. 总量足

C. 素质高　　D. 多样性

11. 深入实施创新驱动发展战略，把技术创新作为积极应对人口老龄化的(　　)，全面提升国民经济产业体系智能化水平。

A. 第一动力　　　　B. 主要支撑

C. 核心动力　　　　D. 战略支撑

12. 构建家庭支持体系，建设老年友好型社会，形成(　　)共同参与的良好氛围。

A. 老年人　　　　B. 家庭

C. 社会　　　　D. 政府

13. 多层次养老服务体系包括(　　)。

A. 居家为基础　　　　B. 家庭为依托

C. 机构充分发展　　　　D. 医养有机结合

14. 推进国际合作，推动与“一带一路”相关国家开展应对人口老龄化的(　　)。

A. 政策对话　　　　B. 项目对接

C. 政治对话　　　　D. 项目对话

(四) 填空题

1. 中共中央、国务院印发《国家积极应对人口老龄化中长期规划》的法规类别是____。
2. 人口老龄化对经济运行全领域、社会建设各环节、社会文化多方面乃至国家综合实力和____，都具有深远影响，挑战与机遇并存。
3. 积极应对人口老龄化，是贯彻____的发展思想的内在要求。
4. 要按照经济高质量发展的要求，坚持以____为主线，构建管长远的制度框架，制定见实效的重大政策
5. 到____，与社会主义现代化强国相适应的应对人口老龄化制度安排成熟完备。
6. 通过完善国民收入分配体系，优化政府、企业、居民之间的分配格局，稳步增加____。
7. 推进____，实现更高质量和更加充分就业，确保积极应对人口老龄化的人力资源总量足、素质高。
8. 提高老年服务科技化、信息化水平，加大老年健康科技支撑力度，加强____研发和应用。

9. 强化应对人口老龄化的____，保障老年人合法权益。

（五）简答题

1. 简述《国家积极应对人口老龄化中长期规划》明确的积极应对人口老龄化的战略目标。
2. 简述《国家积极应对人口老龄化中长期规划》从5个方面部署的应对人口老龄化的具体工作任务。
3. 简述多层次养老服务体系的内容。

参考答案

（一）判断题

1. √，解析：《国家积极应对人口老龄化中长期规划》。
2. ×，解析：《国家积极应对人口老龄化中长期规划》规定，人口老龄化对经济运行全领域、社会建设各环节、社会文化多方面乃至国家综合实力和国际竞争力，都具有深远影响，挑战与机遇并存。
3. ×，解析：《国家积极应对人口老龄化中长期规划》规定，通过完善国民收入分配体系，优化政府、企业、居民之间的分配格局，稳步增加养老财富储备。
4. ×，解析：《国家积极应对人口老龄化中长期规划》规定，深入实施创新驱动发展战略，把技术创新作为积极应对人口老龄化的第一动力和战略支撑，全面提升国民经济产业体系智能化水平。
5. √，解析：《国家积极应对人口老龄化中长期规划》。
6. ×，解析：《国家积极应对人口老龄化中长期规划》规定，健全以居家为基础、社区为依托、机构充分发展、医养有机结合的多层次养老服务体系，多渠道、多领域扩大适老产品和服务供给，提升产品和服务质量。
7. ×，解析：《国家积极应对人口老龄化中长期规划》规定，《规划》要求，坚持党对积极应对人口老龄化工作的领导，坚持党政主要负责人亲自抓、负总责，强化各级政府落实规划的主体责任，进一步完善组织协调机制。推进国际合作，推动与“一带一路”相关国家开展应对人口老龄化的政策对话和项目对接。选择有特点和代表性的区域进行应对人口老龄化工作综合创新试点。建立健全工作机制、实施监管和考核问责制度，强化对规划实施的监督，确保规划落实。

8. ×，解析：《国家积极应对人口老龄化中长期规划》规定，《规划》指出，人口老龄化是社会发展的重要趋势，是人类文明进步的体现，也是今后较长一段时期我国的基本国情。人口老龄化对经济运行全领域、社会建设各环节、社会文化多方面乃至国家综合实力和国际竞争力，都具有深远影响，挑战与机遇并存。

（二）单项选择题

1. A，解析：《国家积极应对人口老龄化中长期规划》规定，为积极应对人口老龄化，按照党的十九大决策部署，近日，中共中央、国务院印发了《国家积极应对人口老龄化中长期规划》（以下简称《规划》）。
2. C，解析：《国家积极应对人口老龄化中长期规划》规定，《规划》明确了积极应对人口老龄化的战略目标，即积极应对人口老龄化的制度基础持续巩固，财富储备日益充沛，人力资本不断提升，科技支撑更加有力，产品和服务丰富优质，社会环境宜居友好，经济社会发展始终与人口老龄化进程相适应，顺利建成社会主义现代化强国，实现中华民族伟大复兴的中国梦。到2022年，我国积极应对人口老龄化的制度框架初步建立；到2035年，积极应对人口老龄化的制度安排更加科学有效；到本世纪中叶，与社会主义现代化强国相适应的应对人口老龄化制度安排成熟完备。
3. B，解析：《国家积极应对人口老龄化中长期规划》规定，《规划》明确了积极应对人口老龄化的战略目标，即积极应对人口老龄化的制度基础持续巩固，财富储备日益充沛，人力资本不断提升，科技支撑更加有力，产品和服务丰富优质，社会环境宜居友好，经济社会发展始终与人口老龄化进程相适应，顺利建成社会主义现代化强国，实现中华民族伟大复兴的中国梦。到2022年，我国积极应对人口老龄化的制度框架初步建立；到2035年，积极应对人口老龄化的制度安排更加科学有效；到本世纪中叶，与社会主义现代化强国相适应的应对人口老龄化制度安排成熟完备。
4. D，解析：《国家积极应对人口老龄化中长期规划》规定，《规划》从5个方面部署了应对人口老龄化的具体工作任务。第1个任务是夯实应对人口老龄化的社会财富储备。通过扩大总量、优化结构、提高效益，实现经济发展与人口老龄化相适应。通过完善国民收入分配体系，优化政府、企业、居民之间的分配格局，稳步增加养老财富储备。健全更加公平更可持续的社会保障制度，持续增进全体人民的福祉水平。

5. C，解析：《国家积极应对人口老龄化中长期规划》规定，《规划》从5个方面部署了应对人口老龄化的具体工作任务。第3个任务是打造高质量的为老服务和产品供给体系。积极推进健康中国建设，建立和完善包括健康教育、预防保健、疾病诊治、康复护理、长期照护、安宁疗护的综合、连续的老年健康服务体系。健全以居家为基础、社区为依托、机构充分发展、医养有机结合的多层次养老服务体系，多渠道、多领域扩大适老产品和服务供给，提升产品和服务质量。
6. B，解析：《国家积极应对人口老龄化中长期规划》规定，《规划》从5个方面部署了应对人口老龄化的具体工作任务。第3个任务是打造高质量的为老服务和产品供给体系。积极推进健康中国建设，建立和完善包括健康教育、预防保健、疾病诊治、康复护理、长期照护、安宁疗护的综合、连续的老年健康服务体系。健全以居家为基础、社区为依托、机构充分发展、医养有机结合的多层次养老服务体系，多渠道、多领域扩大适老产品和服务供给，提升产品和服务质量。
7. A，解析：《国家积极应对人口老龄化中长期规划》规定，《规划》要求，坚持党对积极应对人口老龄化工作的领导，坚持党政主要负责人亲自抓、负总责，强化各级政府落实规划的主体责任，进一步完善组织协调机制。
8. B，解析：《国家积极应对人口老龄化中长期规划》规定，《规划》要求，坚持党对积极应对人口老龄化工作的领导，坚持党政主要负责人亲自抓、负总责，强化各级政府落实规划的主体责任，进一步完善组织协调机制。推进国际合作，推动与“一带一路”相关国家开展应对人口老龄化的政策对话和项目对接。选择有特点和代表性的区域进行应对人口老龄化工作综合创新试点。建立健全工作机制、实施监管和考核问责制度，强化对规划实施的监督，确保规划落实。
9. C，解析：《国家积极应对人口老龄化中长期规划》规定，《规划》强调，积极应对人口老龄化，是贯彻以人民为中心的发展思想的内在要求，是实现经济高质量发展的必要保障，是维护国家安全和社会和谐稳定的重要举措。要按照经济高质量发展的要求，坚持以供给侧结构性改革为主线，构建管长远的制度框架，制定见实效的重大政策，坚持积极应对、共建共享、量力适度、创新开放的基本原则，走出一条中国特色应对人口老龄化道路。

（三）多项选择题

1. BCD，为积极应对人口老龄化，按照党的十九大决策部署，近日，中共中央、国务院印发了《国家积极应对人口老龄化中长期规划》（以下简称《规划》）。《规划》近期至2022年，中期至2035年，远期展望至2050年，是到本世纪中叶我国积极应对人口老龄化的战略性、综合性、指导性文件。

2. ABC，解析：《国家积极应对人口老龄化中长期规划》规定，人口老龄化对经济运行全领域、社会建设各环节、社会文化多方面乃至国家综合实力和国际竞争力，都具有深远影响，挑战与机遇并存。

3. CD，解析：《国家积极应对人口老龄化中长期规划》规定，《规划》强调，积极应对人口老龄化，是贯彻以人民为中心的发展思想的内在要求，是实现经济高质量发展的必要保障，是维护国家安全和社会和谐稳定的重要举措。要按照经济高质量发展的要求，坚持以供给侧结构性改革为主线，构建管长远的制度框架，制定见实效的重大政策，坚持积极应对、共建共享、量力适度、创新开放的基本原则，走出一条中国特色应对人口老龄化道路。

4. ABCD，解析：《国家积极应对人口老龄化中长期规划》规定，《规划》强调，积极应对人口老龄化，是贯彻以人民为中心的发展思想的内在要求，是实现经济高质量发展的必要保障，是维护国家安全和社会和谐稳定的重要举措。要按照经济高质量发展的要求，坚持以供给侧结构性改革为主线，构建管长远的制度框架，制定见实效的重大政策，坚持积极应对、共建共享、量力适度、创新开放的基本原则，走出一条中国特色应对人口老龄化道路。

5. BCD，解析：《国家积极应对人口老龄化中长期规划》规定，《规划》明确了积极应对人口老龄化的战略目标，即积极应对人口老龄化的制度基础持续巩固，财富储备日益充沛，人力资本不断提升，科技支撑更加有力，产品和服务丰富优质，社会环境宜居友好，经济社会发展始终与人口老龄化进程相适应，顺利建成社会主义现代化强国，实现中华民族伟大复兴的中国梦。到2022年，我国积极应对人口老龄化的制度框架初步建立；到2035年，积极应对人口老龄化的制度安排更加科学有效；到本世纪中叶，与社会主义现代化强国相适应的应对人口老龄化制度安排成熟完备。

6. ABCD，解析：《国家积极应对人口老龄化中长期规划》规定，《规划》从5个方面部署了应对人口老龄化的具体工作任务：一是夯实应对人口老龄化的社会财富储备；二是改善人口老龄化背景下的劳动力有效供给；三是打造高质量的为老服务和产品供给体系；四是强化应对人口老龄化的科技创新能力；五是构建养老、孝老、敬老的社会环境。

7. ABD，解析：《国家积极应对人口老龄化中长期规划》规定，《规划》从5个方面部署了应对人口老龄化的具体工作任务。第 1 个任务是夯实应对人口老龄化的社会财富储备。通过扩大总量、优化结构、提高效益，实现经济发展与人口老龄化相适应。通过完善国民收入分配体系，优化政府、企业、居民之间的分配格局，稳步增加养老财富储备。健全更加公平更可持续的社会保障制度，持续增进全体人民的福祉水平。

8. ABC，解析：《国家积极应对人口老龄化中长期规划》规定，《规划》从 5 个方面部署了应对人口老龄化的具体工作任务。第 2 个任务是改善人口老龄化背景下的劳动力有效供给。通过提高出生人口素质、提升新增劳动力质量、构建老有所学的终身学习体系，提高我国人力资源整体素质。推进人力资源开发利用，实现更高质量和更加充分就业，确保积极应对人口老龄化的人力资源总量足、素质高。

9. BCD，解析：《国家积极应对人口老龄化中长期规划》规定，《规划》从 5 个方面部署了应对人口老龄化的具体工作任务。第 1 个任务是夯实应对人口老龄化的社会财富储备。通过扩大总量、优化结构、提高效益，实现经济发展与人口老龄化相适应。通过完善国民收入分配体系，优化政府、企业、居民之间的分配格局，稳步增加养老财富储备。健全更加公平更可持续的社会保障制度，持续增进全体人民的福祉水平。

10. BC，解析：《国家积极应对人口老龄化中长期规划》规定，《规划》从 5 个方面部署了应对人口老龄化的具体工作任务。第 2 个任务是改善人口老龄化背景下的劳动力有效供给。通过提高出生人口素质、提升新增劳动力质量、构建老有所学的终身学习体系，提高我国人力资源整体素质。推进人力资源开发利用，实现更高质量和更加充分就业，确保积极应对人口老龄化的人力资源总量足、素质高。

11. AD，解析：《国家积极应对人口老龄化中长期规划》规定，《规划》从 5 个方面部署了应对人口老龄化的具体工作任务。第 4 个任务是强化应对人口老龄化的科技创新能力。深入实施创新驱动发展战略，把技术创新作为积极应对人口老龄化的第一动力和战略支撑，全面提升国民经济产业体系智能化水平。提高老年服务科技化、信息化水平，加大老年健康科技支撑力度，加强老年辅助技术研发和应用。

12. ABCD，解析：《国家积极应对人口老龄化中长期规划》规定，《规划》从 5 个方面部署了应对人口老龄化的具体工作任务。第 5 个任务是构建养老、孝老、敬老的社会环境。强化应对人口老龄化的法治环境，保障老年人合法权益。构建家庭支持体系，建设老年友好型社会，形成老年人、家庭、社会、政府共同参与的良好氛围。

13. ACD，解析：《国家积极应对人口老龄化中长期规划》规定，《规划》从 5 个方面部署了应对人口老龄化的具体工作任务。第 3 个任务是打造高质量的为老服务和产品供给体系。积极推进健康中国建设，建立和完善包括健康教育、预防保健、疾病诊治、康复护理、长期照护、安宁疗护的综合、连续的老年健康服务体系。健全以居家为基础、社区为依托、机构充分发展、医养有机结合的多层次养老服务体系，多渠道、多领域扩大适老产品和服务供给，提升产品和服务质量。

14. AB，解析：《国家积极应对人口老龄化中长期规划》规定，《规划》要求，坚持党对积极应对人口老龄化工作的领导，坚持党政主要负责人亲自抓、负总责，强化各级政府落实规划的主体责任，进一步完善组织协调机制。推进国际合作，推动与"一带一路"相关国家开展应对人口老龄化的政策对话和项目对接。选择有特点和代表性的区域进行应对人口老龄化工作综合创新试点。建立健全工作机制、实施监管和考核问责制度，强化对规划实施的监督，确保规划落实。

（四）填空题

1. 人口计划管理。（《国家积极应对人口老龄化中长期规划》）
2. 国际竞争力。（《国家积极应对人口老龄化中长期规划》）
3. 以人民为中心。（《国家积极应对人口老龄化中长期规划》）
4. 供给侧结构性改革。（《国家积极应对人口老龄化中长期规划》）
5. 本世纪中叶。（《国家积极应对人口老龄化中长期规划》）
6. 养老财富储备。（《国家积极应对人口老龄化中长期规划》）
7. 人力资源开发利用。（《国家积极应对人口老龄化中长期规划》）
8. 老年辅助技术。（《国家积极应对人口老龄化中长期规划》）
9. 法治环境。（《国家积极应对人口老龄化中长期规划》）

（五）简答题

1. 答：《国家积极应对人口老龄化中长期规划》规定，《规划》明确了积极应对人口老龄化的战略目标，即积极应对人口老龄化的制度基础持续巩固，财富储备日益充沛，人力资本不断提升，科技支撑更加有力，产品和服务丰富优质，社会环境宜居友好，经济社会发展始终与人口老龄化进程相适应，顺利建成社会主义现代化强国，实现中华民族伟大复兴的中国梦。到 2022 年，我国积极应对人口老龄化的制度框架初步建立；到 2035 年，积极应对人口老龄化的制度安排更加科学有效；到本世纪中叶，与社会主义现代化强国相适应的应对人口老龄化制度安排成熟完备。

2. 答：《国家积极应对人口老龄化中长期规划》从 5 个方面部署了应对人口老龄化的具体工作任务：一是夯实应对人口老龄化的社会财富储备。通过扩大总量、优化结构、提高效益，实现经济发展与人口老龄化相适应。通过完善国民收入分配体系，优化政府、企业、居民之间的分配格局，稳步增加养老财富储备。健全更加公平更可持续的社会保障制度，持续增进全体人民的福祉水平。二是改善人口老龄化背景下的劳动力有效供给。通过提高出生人口素质、提升新增劳动力质量、构建老有所学的终身学习体系，提高我国人力资源整体素质。推进人力资源开发利用，实现更高质量和更加充分就业，确保积极应对人口老龄化的人力资源总量足、素质高。三是打造高质量的为老服务和产品供给体系。积极推进健康中国建设，建立和完善包括健康教育、预防保健、疾病诊治、康复护理、长期照护、安宁疗护的综合、连续的老年健康服务体系。健全以居家为基础、社区为依托、机构充分发展、医养有机结合的多层次养老服务体系，多渠道、多领域扩大适老产品和服务供给，提升产品和服务质量。四是强化应对人口老龄化的科技创新能力。深入实施创新驱动发展战略，把技术创新作为积极应对人口老龄化的第一动力和战略支撑，全面提升国民经济产业体系智能化水平。提高老年服务科技化、信息化水平，加大老年健康科技支撑力度，加强老年辅助技术研发和应用。五是构建养老、孝老、敬老的社会环境。强化应对人口老龄化的法治环境，保障老年人合法权益。构建家庭支持体系，建设老年友好型社会，形成老年人、家庭、社会、政府共同参与的良好氛围。

3. 答：《国家积极应对人口老龄化中长期规划》从 5 个方面部署了应对人口老龄化的具体工作任务，其中第 3 个任务是打造高质量的为老服务和产品供给体系。健全以居家为基础、社区为依托、机构充分发展、医养有机结合的多层次养老服务体系，多渠道、多领域扩大适老产品和服务供给，提升产品和服务质量。

十、国务院办公厅印发《关于切实解决老年人运用智能技术困难的实施方案》的通知

（一）判断题

1. 在各类日常生活场景中，可以保留老年人熟悉的传统服务方式，充分保障在运用智能技术方面遇到困难的老年人的基本需求。（　　）
2. 强化问题导向和需求导向，针对老年人在运用智能技术方面遇到的普遍共性问题，采取突出适用的政策措施。（　　）
3. 围绕老年人出行、就医等高频事项和服务场景，抓紧解决目前较突出、较紧迫的问题，切实保障老年人基本服务需要。（　　）
4. 做好突发事件应急响应状态下对老年人的服务保障的要求中，要完善“健康码”管理，便利老年人通行。（　　）
5. 在突发事件处置中做好帮助老年人应对工作由应急部、工业和信息化部、国家卫生健康委等相关部门及各地区按职责分工负责。（　　）
6. 铁路、公路、水运、民航客运等公共交通在推行移动支付、电子客票、扫码乘车的同时，应保留使用现金、纸质票据、凭证、证件等乘车的方式。（　　）
7. 医疗机构应提供一定比例的线上号源，保留挂号、缴费、打印检验报告等人工服务窗口，配备导医、志愿者、社会工作者等人员，为老年人提供就医指导服务。（　　）
8. 单位和个人可以以格式条款、通知、声明、告示等方式拒收现金。（　　）

（二）单项选择题

1. 坚持（　　），使智能化管理适应老年人，并不断改进传统服务方式，为老年人提供更周全、更贴心、更直接的便利化服务。

A. 双改并举　　B. 统筹发展方针

C. “两条腿”走路　　D. 以老年人需求为中心

2. 对不同年龄段、不同教育背景、不同生活环境和习惯的老年人，分类梳理问题，采取有(　　)的解决方案。

A. 针对性、差异化　　B. 普遍性、同质化

C. 个体性、差异化　　D. 个体性、普遍化

3. 坚持线上服务与线下渠道相结合的基本原则中，线上服务更加突出(　　)，充分考虑老年人习惯，便利老年人使用。

A. 智能化　　B. 现代化

C. 科技化　　D. 人性化

4.《关于切实解决老年人运用智能技术困难的实施方案》的基本原则中，(　　)是主要解决老年人面临的“数字鸿沟”问题的。

A. 坚持传统服务与智能创新相结合

B. 坚持普遍适用与分类推进相结合

C. 坚持线上服务与线下渠道相结合

D. 坚持解决突出问题与形成长效机制相结合

5.《关于切实解决老年人运用智能技术困难的实施方案》的重点任务不包括(　　)。

A. 做好突发事件应急响应状态下对老年人的服务保障

B. 完善法规规范

C. 便利老年人日常交通出行

D. 便利老年人日常就医

6. 保障居家老年人基本服务需要由商务部、民政部、(　　)、国家卫生健康委等相关部门按职责分工负责。

A. 住房城乡建设部　　B. 城乡建设部

C. 国务院办公厅　　D. 工业和信息化部

7. 搭建社区、家庭(　　)，由家庭签约医生、家人和有关市场主体等共同帮助老年人获得健康监测、咨询指导、药品配送等服务，满足居家老年人的健康需求。

A. 医疗服务平台　　B. 医疗健康平台

C. 健康服务平台　　D. 老年医疗服务平台

8. 人民银行、(　　)、市场监管总局、银保监会等相关部门按职责分工负责保留传统金融服务方式内容。

A. 国家发展改革委　　B. 证监会

C. 住房城乡建设部　　D. 民政部

(三) 多项选择题

1. 各地区、各部门要落实主体责任，加强工作统筹，建立工作台账，明确时间表和路线图，聚焦涉及老年人的高频事项和服务场景，坚持(　　)并行。

A. 传统服务方式　　B. 传统养老方式

C. 智能化服务创新　　D. 智能化养老方式

2. 切实解决老年人在运用智能技术方面遇到的突出困难，确保各项工作做实做细、落实到位，为老年人提供(　　)的便利化服务。

A. 更便捷　　B. 更周全

C. 更贴心　　D. 更直接

3.《关于切实解决老年人运用智能技术困难的实施方案》的总体要求包括(　　)。

A. 指导思想　　B. 重点任务

C. 基本原则　　D. 工作目标

4. 增进包括老年人在内的全体人民福祉，让老年人在信息化发展中有更多(　　)。

A. 获得感　　B. 幸福感

C. 荣誉感　　D. 安全感

5.《关于切实解决老年人运用智能技术困难的实施方案》的基本原则包括(　　)。

A. 坚持传统服务与智能创新相结合

B. 坚持普遍适用与分类推进相结合

C. 坚持线上服务与线下渠道相结合

D. 坚持解决突出问题与形成长效机制相结合

6. 随着我国(　　)等信息技术快速发展，智能化服务得到广泛应用，深刻改变了生产生活方式，提高了社会治理和服务效能。

A. 因特网　　B. 互联网

C. 大数据　　D. 人工智能

7. 紧贴老年人需求特点，加强技术创新，提供更多智能化适老产品和服务，促进智能技术有效推广应用，让老年人(　　)。

A. 能用　　B. 会用

C. 敢用　　D. 想用

8. 对(　　)的老年人，分类梳理问题，采取有针对性、差异化的解决方案。

A. 不同年龄段　　B. 不同教育背景

C. 不同生活环境和习惯　　D. 不同工作背景

9. 各地不得将“健康码”作为人员通行的唯一凭证，对老年人等群体可采取凭(　　)作为辅助行程证明等替代措施。

A. 有效身份证件登记　　B. 持电子证明通行

C. 持纸质证明通行　　D. 出示“通信行程卡”

10. 在充分保障个人信息安全前提下，推进“健康码”与(　　)等互相关联，逐步实现“刷卡”或“刷脸”通行。

A. 身份证　　B. 社保卡

C. 老年卡　　D. 市民卡

11. 在自然灾害、事故灾难、公共卫生事件、社会安全事件等突发事件处置中，需采取必要智能化管理和服务措施的，要在应急预案中统筹考虑老年人需要，提供(　　)、救灾物资分配发放等线上线下相结合的应急救援和保障服务，切实解决在应急处置状态下老年人遇到的困难。

A. 突发事件风险提醒　　B. 紧急避难场所提示

C. “一键呼叫”应急救援　　D. 受灾人群转移安置

12. 鼓励有条件的地区在医院、居民集中居住区、重要商业区等场所设置出(　　)，依托信息化技术提供便捷叫车服务。

A. 驾车停靠点　　B. 出租车候客点

C. 行车停靠点　　D. 临时停靠点

13. 提高客运场站人工服务质量。进一步优化铁路、公路、水运、民航客运场站及轨道交通站点等窗口服务，方便老年人现场购票、打印票证等。高速公路服务区、收费站等服务窗口要为老年人提供咨询、指引等便利化服务和帮助，由(　　)及各地区按职责分工负责。

A. 交通运输部　　　　B. 国家铁路局

C. 中国民航局　　　　D. 中国国家铁路集团有限公司

(四) 填空题

1. 切实解决老年人在运用智能技术方面遇到的突出困难，确保各项工作做实做细、落实到位，为老年人提供更周全、更贴心、更直接的____。
2. 我国老龄人口数量快速增长，不少老年人不会上网、不会使用智能手机，在出行、就医、消费等日常生活中遇到不便，无法充分享受智能化服务带来的便利，老年人面临的“____”问题日益凸显。
3. 要适应统筹推进疫情防控和经济社会发展工作要求，聚焦老年人日常生活涉及的____，做实做细为老年人服务的各项工作。
4. 要以____为指导，全面贯彻党的十九大和十九届二中、三中、四中、五中全会精神，认真落实党中央、国务院决策部署。
5. 要坚持以人民为中心的发展思想，满足人民日益增长的美好生活需要，持续推动充分兼顾老年人需要的____。
6. 强化问题导向和需求导向，针对老年人在运用智能技术方面遇到的____问题，采取____的政策措施。
7. 坚持线上服务与线下渠道相结合的基本原则中，线下渠道进一步优化流程、简化手续，不断改善老年人服务体验，与线上服务融合发展、互为补充，有效发挥____作用。
8. 有条件的地区和场所要为不使用智能手机的老年人设立“____”，做好服务引导和健康核验。
9. 优化老年人打车出行服务。保持巡游出租车扬召服务，对电召服务要提高电话接线率。引导网约车平台公司优化约车软件，增设“____”功能，鼓励提供电召服务，对老年人订单优先派车。
10. 采用无人销售方式经营的场所应以适当方式满足消费者现金支付需求，提供现金支付渠道或____。

（五）简答题

1. 简述《关于切实解决老年人运用智能技术困难的实施方案》的指导思想。
2. 简述《关于切实解决老年人运用智能技术困难的实施方案》三个阶段的工作目标。
3. 简述“便利老年人使用智能化产品和服务应用”包括哪几个方面。
4. 简述《关于切实解决老年人运用智能技术困难的实施方案》中的保障措施。

参考答案

（一）判断题

1. ×，解析：《关于切实解决老年人运用智能技术困难的实施方案》规定，在各类日常生活场景中，必须保留老年人熟悉的传统服务方式，充分保障在运用智能技术方面遇到困难的老年人的基本需求。
2. ×，解析：《关于切实解决老年人运用智能技术困难的实施方案》规定，解决老年人运用智能技术困难的基本原则之一是坚持普遍适用与分类推进相结合。强化问题导向和需求导向，针对老年人在运用智能技术方面遇到的突出共性问题，采取普遍适用的政策措施；对不同年龄段、不同教育背景、不同生活环境和习惯的老年人，分类梳理问题，采取有针对性、差异化的解决方案。
3. ×，解析：《关于切实解决老年人运用智能技术困难的实施方案》规定，解决老年人运用智能技术困难的基本原则之一是坚持解决突出问题与形成长效机制相结合。围绕老年人出行、就医等高频事项和服务场景，抓紧解决目前最突出、最紧迫的问题，切实保障老年人基本服务需要。
4. √，解析：《关于切实解决老年人运用智能技术困难的实施方案》。
5. ×，解析：《关于切实解决老年人运用智能技术困难的实施方案》规定，由应急部、公安部、国家卫生健康委等相关部门及各地区按职责分工负责，在突发事件处置中做好帮助老年人应对工作。
6. √，解析：《关于切实解决老年人运用智能技术困难的实施方案》。
7. ×，解析：《关于切实解决老年人运用智能技术困难的实施方案》规定，医疗机构应提供一定比例的现场号源，保留挂号、缴费、打印检验报告等人工服务窗口，配备导医、志愿者、社会工作者等人员，为老年人提供就医指导服务。

8. ×，解析：《关于切实解决老年人运用智能技术困难的实施方案》规定，保留传统金融服务方式。任何单位和个人不得以格式条款、通知、声明、告示等方式拒收现金。

（二）单项选择题

1. C，解析：《关于切实解决老年人运用智能技术困难的实施方案》规定，在各类日常生活场景中，必须保留老年人熟悉的传统服务方式，充分保障在运用智能技术方面遇到困难的老年人的基本需求；紧贴老年人需求特点，加强技术创新，提供更多智能化适老产品和服务，促进智能技术有效推广应用，让老年人能用、会用、敢用、想用。坚持“两条腿”走路，使智能化管理适应老年人，并不断改进传统服务方式，为老年人提供更周全、更贴心、更直接的便利化服务。
2. A，解析：《关于切实解决老年人运用智能技术困难的实施方案》规定，坚持普遍适用与分类推进相结合。强化问题导向和需求导向，针对老年人在运用智能技术方面遇到的突出共性问题，采取普遍适用的政策措施；对不同年龄段、不同教育背景、不同生活环境和习惯的老年人，分类梳理问题，采取有针对性、差异化的解决方案。
3. D，解析：《关于切实解决老年人运用智能技术困难的实施方案》规定，坚持线上服务与线下渠道相结合。线上服务更加突出人性化，充分考虑老年人习惯，便利老年人使用；线下渠道进一步优化流程、简化手续，不断改善老年人服务体验，与线上服务融合发展、互为补充，有效发挥兜底保障作用。
4. D，解析：《关于切实解决老年人运用智能技术困难的实施方案》规定：“（二）基本原则：坚持传统服务与智能创新相结合；坚持普遍适用与分类推进相结合；坚持线上服务与线下渠道相结合；坚持解决突出问题与形成长效机制相结合。”
5. B，解析：《关于切实解决老年人运用智能技术困难的实施方案》规定，重点任务是：（1）做好突发事件应急响应状态下对老年人的服务保障；（2）便利老年人日常交通出行；（3）便利老年人日常就医；（4）便利老年人日常消费；（5）便利老年人文体活动；（6）便利老年人办事服务；（7）便利老年人使用智能化产品和服务应用。
6. A，解析：《关于切实解决老年人运用智能技术困难的实施方案》规定，保障居家老年人基本服务需要。在常态化疫情防控下，为有效解决老年人无法使用智能技术获取线上服务的困难，组织、引导、便利城乡社区组织、机构和各类社会力量进社区、进家庭，建设改造一批社区便民消费服务中心、老年服务站等设施，为居家老年人特别是高龄、空巢、失能、留守等重点群体，提供生活用品代购、餐饮外卖、家政预约、代收代缴、挂号取药、上门巡诊、精神慰藉等服务，满足基本生活需求。（商务部、民政部、住房城乡建设部、国家卫生健康委等相关部门按职责分工负责）

7. C，解析：《关于切实解决老年人运用智能技术困难的实施方案》规定，完善老年人日常健康管理服务。搭建社区、家庭健康服务平台，由家庭签约医生、家人和有关市场主体等共同帮助老年人获得健康监测、咨询指导、药品配送等服务，满足居家老年人的健康需求。推进“互联网+医疗健康”，提供老年人常见病、慢性病复诊以及随访管理等服务。（国家卫生健康委负责）

8. A，解析：《关于切实解决老年人运用智能技术困难的实施方案》规定，保留传统金融服务方式。任何单位和个人不得以格式条款、通知、声明、告示等方式拒收现金。要改善服务人员的面对面服务，零售、餐饮、商场、公园等老年人高频消费场所，水电气费等基本公共服务费用、行政事业性费用缴纳，应支持现金和银行卡支付。强化支付市场监管，加大对拒收现金、拒绝银行卡支付等歧视行为的整改整治力度。采用无人销售方式经营的场所应以适当方式满足消费者现金支付需求，提供现金支付渠道或转换手段。（人民银行、国家发展改革委、市场监管总局、银保监会等相关部门按职责分工负责）

（三）多项选择题

1. AC，解析：《关于切实解决老年人运用智能技术困难的实施方案》规定，各地区、各部门要落实主体责任，加强工作统筹，建立工作台账，明确时间表和路线图，聚焦涉及老年人的高频事项和服务场景，坚持传统服务方式与智能化服务创新并行，切实解决老年人在运用智能技术方面遇到的突出困难，确保各项工作做实做细、落实到位，为老年人提供更周全、更贴心、更直接的便利化服务。

2. BCD，解析：《关于切实解决老年人运用智能技术困难的实施方案》规定，各地区、各部门要落实主体责任，加强工作统筹，建立工作台账，明确时间表和路线图，聚焦涉及老年人的高频事项和服务场景，坚持传统服务方式与智能化服务创新并行，切实解决老年人在运用智能技术方面遇到的突出困难，确保各项工作做实做细、落实到位，为老年人提供更周全、更贴心、更直接的便利化服务。

3. ACD，解析：《关于切实解决老年人运用智能技术困难的实施方案》规定，解决老年人运用智能技术困难的总体要求：（1）指导思想。以习近平新时代中国特色社会主义思想为指导，全面贯彻党的十九大和十九届二中、三中、四中、五中全会精神，认真落实党中央、国务院决策部署，坚持以人民为中心的发展思想，满足人民日益增长的美好生活需要，持续推动充分兼顾老年人需要的智慧社会建设，坚持传统服务方式与智能化服务创新并行，切实解决老年人在运用智能技术方面遇到的困难。要适应统筹推进疫情防控和经济社会发展工作要求，聚焦老年人日常生活涉及的高频事项，做实做细为老年人服务的各项工作，增进包括老年人在内的全体人民福祉，让老年人在信息化发展中有更多获得感、幸福感、安全感。（2）基本原则。坚持传统服务与智能创新相结合；坚持普遍适用与分类推进相结合；坚持线上服务与线下渠道相结合；坚持解决突出问题与形成长效机制相结合。（3）工作目标。在政策引导和全社会的共同努力下，有效解决老年人在运用智能技术方面遇到的困难，让广大老年人更好地适应并融入智慧社会。

4. ABD，解析：《关于切实解决老年人运用智能技术困难的实施方案》规定，要适应统筹推进疫情防控和经济社会发展工作要求，聚焦老年人日常生活涉及的高频事项，做实做细为老年人服务的各项工作，增进包括老年人在内的全体人民福祉，让老年人在信息化发展中有更多获得感、幸福感、安全感。

5. ABCD，解析：《关于切实解决老年人运用智能技术困难的实施方案》规定，解决老年人运用智能技术困难的基本原则是：坚持传统服务与智能创新相结合；坚持普遍适用与分类推进相结合；坚持线上服务与线下渠道相结合；坚持解决突出问题与形成长效机制相结合。

6. BCD，解析：《关于切实解决老年人运用智能技术困难的实施方案》规定，随着我国互联网、大数据、人工智能等信息技术快速发展，智能化服务得到广泛应用，深刻改变了生产生活方式，提高了社会治理和服务效能。

7. ABCD，解析：《关于切实解决老年人运用智能技术困难的实施方案》规定，在各类日常生活场景中，必须保留老年人熟悉的传统服务方式，充分保障在运用智能技术方面遇到困难的老年人的基本需求；紧贴老年人需求特点，加强技术创新，提供更多智能化适老产品和服务，促进智能技术有效推广应用，让老年人能用、会用、敢用、想用。坚持“两条腿”走路，使智能化管理适应老年人，并不断改进传统服务方式，为老年人提供更周全、更贴心、更直接的便利化服务。

8. ABC，解析：《关于切实解决老年人运用智能技术困难的实施方案》规定，坚持普遍适用与分类推进相结合。强化问题导向和需求导向，针对老年人在运用智能技术方面遇到的突出共性问题，采取普遍适用的政策措施；对不同年龄段、不同教育背景、不同生活环境和习惯的老年人，分类梳理问题，采取有针对性、差异化的解决方案。

9. ACD，解析：《关于切实解决老年人运用智能技术困难的实施方案》规定，各地不得将“健康码”作为人员通行的唯一凭证，对老年人等群体可采取凭有效身份证件登记、持纸质证明通行、出示“通信行程卡”作为辅助行程证明等替代措施。

10. ABCD，解析：《关于切实解决老年人运用智能技术困难的实施方案》规定，有条件的地区和场所要为不使用智能手机的老年人设立“无健康码通道”，做好服务引导和健康核验。在充分保障个人信息安全前提下，推进“健康码”与身份证、社保卡、老年卡、市民卡等互相关联，逐步实现“刷卡”或“刷脸”通行。

11. ABCD，解析：《关于切实解决老年人运用智能技术困难的实施方案》规定，在突发事件处置中做好帮助老年人应对工作。在自然灾害、事故灾难、公共卫生事件、社会安全事件等突发事件处置中，需采取必要智能化管理和服务措施的，要在应急预案中统筹考虑老年人需要，提供突发事件风险提醒、紧急避难场所提示、“一键呼叫”应急救援、受灾人群转移安置、救灾物资分配发放等线上线下相结合的应急救援和保障服务，切实解决在应急处置状态下老年人遇到的困难。

12. BD，解析：《关于切实解决老年人运用智能技术困难的实施方案》规定，优化老年人打车出行服务。保持巡游出租车扬召服务，对电召服务要提高电话接线率。引导网约车平台公司优化约车软件，增设“一键叫车”功能，鼓励提供电召服务，对老年人订单优先派车。鼓励有条件的地区在医院、居民集中居住区、重要商业区等场所设置出租车候客点、临时停靠点，依托信息化技术提供便捷叫车服务。

13. ABCD，解析：《关于切实解决老年人运用智能技术困难的实施方案》规定，提高客运场站人工服务质量。进一步优化铁路、公路、水运、民航客运场站及轨道交通站点等窗口服务，方便老年人现场购票、打印票证等。高速公路服务区、收费站等服务窗口要为老年人提供咨询、指引等便利化服务和帮助。（交通运输部、国家铁路局、中国民航局、中国国家铁路集团有限公司及各地区按职责分工负责）

（四）填空题

1. 便利化服务。（《关于切实解决老年人运用智能技术困难的实施方案》）
2. 数字鸿沟。（《关于切实解决老年人运用智能技术困难的实施方案》）
3. 高频事项。（《关于切实解决老年人运用智能技术困难的实施方案》）
4. 习近平新时代中国特色社会主义思想。（《关于切实解决老年人运用智能技术困难的实施方案》）
5. 智慧社会建设。（《关于切实解决老年人运用智能技术困难的实施方案》）
6. 突出共性；普遍适用。（《关于切实解决老年人运用智能技术困难的实施方案》）
7. 兜底保障。（《关于切实解决老年人运用智能技术困难的实施方案》）
8. 无健康码通道。（《关于切实解决老年人运用智能技术困难的实施方案》）
9. 一键叫车。（《关于切实解决老年人运用智能技术困难的实施方案》）
10. 转换手段。（《关于切实解决老年人运用智能技术困难的实施方案》）

（五）简答题

1. 答：《关于切实解决老年人运用智能技术困难的实施方案》规定，以习近平新时代中国特色社会主义思想为指导，全面贯彻党的十九大和十九届二中、三中、四中、五中全会精神，认真落实党中央、国务院决策部署，坚持以人民为中心的发展思想，满足人民日益增长的美好生活需要，持续推动充分兼顾老年人需要的智慧社会建设，坚持传统服务方式与智能化服务创新并行，切实解决老年人在运用智能技术方面遇到的困难。要适应统筹推进疫情防控和经济社会发展工作要求，聚焦老年人日常生活涉及的高频事项，做实做细为老年人服务的各项工作，增进包括老年人在内的全体人民福祉，让老年人在信息化发展中有更多获得感、幸福感、安全感。
2. 答：《关于切实解决老年人运用智能技术困难的实施方案》规定，在政策引导和全社会的共同努力下，有效解决老年人在运用智能技术方面遇到的困难，让广大老年人更好地适应并融入智慧社会。到2020年底前，集中力量推动各项传统服务兜底保障到位，抓紧出台实施一批解决老年人运用智能技术最迫切问题的有效措施，切实满足老年人基本生活需要。到2021年底前，围绕老年人出行、就医、消费、文娱、办事等高频事项和服务场景，推动老年人享受智能化服务更加普遍，传统服务方式更加完善。到 2022 年底前，老年人享受智能化服务水平显著提升、便捷性不断提高，线上线下服务更加高效协同，解决老年人面临的“数字鸿沟”问题的长效机制基本建立。

3. 答：《关于切实解决老年人运用智能技术困难的实施方案》规定，（七）便利老年人使用智能化产品和服务应用：扩大适老化智能终端产品供给；推进互联网应用适老化改造；为老年人提供更优质的电信服务；加强应用培训；开展老年人智能技术教育。

4. 答：《关于切实解决老年人运用智能技术困难的实施方案》规定，解决老年人运用智能技术困难的保障措施有：（1）健全工作机制。建立国家发展改革委、国家卫生健康委牵头，国务院各有关部门参加的部际联席会议机制，明确责任分工，加强统筹推进。各地区要建立相应的协调推进机制，细化措施，确保任务落实到位。各地区、各部门要加强工作协同和信息共享，形成统筹推进、分工负责、上下联动的工作格局，加快建立解决老年人面临“数字鸿沟”问题的长效机制。（国家发展改革委、国家卫生健康委牵头，相关部门及各地区按职责分工负责）（2）完善法规规范。加快推动制修订涉及现金支付、消费者权益保护、防止诈骗、无障碍改造等相关法律法规和部门规章，切实保障老年人使用智能技术过程中的各项合法权益。各地区要围绕出行、就医、消费、办事等老年人日常生活需求，推动相关地方性法规制修订工作。加快推进相关智能产品与服务标准规范制修订工作，进一步明确有关适老化的内容。（司法部、人民银行、市场监管总局牵头，相关部门及各地区按职责分工负责）（3）加强督促落实。各地区、各部门要明确时间表、路线图，建立工作台账，强化工作落实，及时跟踪分析涉及本地区、本部门的相关政策措施实施进展及成效，确保各项工作措施做实做细、落实到位。要定期组织开展第三方评估，对各地区公共服务适老化程度进行评价，相关结果纳入积极应对人口老龄化综合评估。（国家发展改革委、国家卫生健康委牵头，相关部门及各地区按职责分工负责）（4）保障信息安全。规范智能化产品和服务中的个人信息收集、使用等活动，综合运用多种安全防护手段和风险控制措施，加强技术监测和监督检查，及时曝光并处置违法违规获取个人信息等行为。实施常态化综合监管，加强与媒体等社会力量合作，充分依托各类举报投诉热线，严厉打击电信网络诈骗等违法行为，切实保障老年人安全使用智能化产品、享受智能化服务。（中央网信办、工业和信息化部、公安部等相关部门按职责分工负责）（5）开展普及宣传。将促进老年人融入智慧社会作为人口老龄化国情教育重点，加强正面宣传和舆论监督，弘扬尊重和关爱老年人的社会风尚。开展智慧助老行动，将解决老年人运用智能技术困难相关工作，纳入老年友好城市、老年友好社区、老年宜居环境等建设中统筹推进。对各地区有益做法、典型案例及时进行宣传报道，组织开展经验交流。（中央宣传部、中央网信办、国家发展改革委、住房城乡建设部、国家卫生健康委等相关部门按职责分工负责）

十一、国务院办公厅关于促进养老托育服务健康发展的意见

（一）判断题

1. 积极支持普惠性服务发展，要大力发展成本超负担、方便可及的普惠性养老托育服务。（　　）
2. 在农村居住社区建设补短板和城镇荒废小区改造中统筹推进养老托育服务设施建设，鼓励地方探索将老旧小区中的国企房屋和设施以适当方式转交政府集中改造利用。（　　）
3. 非独立场所按照相关安全标准改造建设托育点并通过验收的，需变更土地和房屋性质。（　　）
4. 建立常态化指导监督机制，加强政策宣传引导，强化社区赡养老年人和监护婴幼儿的主体责任，落实监护人对孤寡老人、遗弃儿童的监护责任。（　　）
5. 发展分散管理运营的社区养老和托育服务网络，支持具备综合功能的社区服务设施建设，引导专业化机构进社区、进家庭。（　　）
6. 加强公办和公建民营养老机构建设，坚持公益属性，切实满足特困人员集中供养需求。（　　）
7. 鼓励培训疗养资源丰富、养老需求较大的东部地区先行突破，重点推进。（　　）
8. 支持大型园区建设服务区内员工的托育设施。（　　）
9. 创新信贷支持方式，在依法合规、风险可控、商业可持续前提下，探索收费权质押贷款，落实好信贷人员尽职免责政策，但是应收账款质押贷款不包括在内。（　　）
10. 要扩大实施养老产业专项企业债券和养老项目收益债券，支持合理灵活设置债券期限、选择权及还本付息方式，鼓励发行可续期债券。（　　）

11. 要发挥中医药独特优势，促进中医药资源广泛服务老年人群体。（　　）
12. 国务院要建立“一老一小”服务能力评价机制，加强对本意见落实工作的跟踪督促，及时向国家发展改革委报告。（　　）

（二）单项选择题

1. 统筹推进城乡养老托育发展，要强化政府（　　）职能，健全基本养老服务体系。

A. 统筹规划　　B. 保基本兜底线
C. 两手抓　　D. “两条腿”走路

2. 完善老年人（　　），加强农村老年餐桌建设。

A. 餐桌服务体系　　B. 饮食服务体系
C. 膳食搭配体系　　D. 助餐服务体系

3. 支持将各类房屋和设施用于发展养老托育，鼓励适当放宽（　　）租赁期限。

A. 最短　　B. 最长
C. 每月　　D. 每年

4. 建立（　　），研究出台家庭托育点管理办法，明确登记管理、人员资质、服务规模、监督管理等制度规范，鼓励开展互助式服务。

A. 国家托育点登记备案制度　　B. 社会托育点登记备案制度
C. 家庭托育点登记备案制度　　D. 社区托育点登记备案制度

5. 建立（　　），结合服务能力适当拓展服务对象，重点为经济困难的失能失智、高龄、计划生育特殊家庭老年人提供托养服务。

A. 入住综合评估制度　　B. 托养综合评估制度
C. 服务综合评估制度　　D. 人员综合评估制度

6. 完善公建民营机制，打破以（　　）为主的筛选标准，综合从业信誉、服务水平、可持续性等质量指标，引进养老托育运营机构早期介入、全程参与项目工程建设，探索开展连锁化运营。

A. 价格　　B. 市场
C. 政府　　D. 社会

7. 按照（　　）的原则，将转型发展养老服务作为党政机关和国有企事业单位所属培训疗养机构改革的主要方向。

A. 多改尽改、多转则转　　B. 少改尽改、少转则转

C. 适改则该、适转则转　　D. 应改尽改、能转则转

8. 为居家老年人提供上门医疗卫生服务，构建(　　)老年人长期照护服务体系。

A. 残疾　　B. 失能

C. 超高龄　　D. 丧偶

9. 逐步完善养老托育服务和相关用品标准体系，加强标准制修订，强化标准实施推广，探索建立(　　)。

A. 老年用品检测制度　　B. 老年用品监测制度

C. 老年用品认证制度　　D. 老年用品定制制度

10. 发展“互联网＋养老服务”，充分考虑老年群体使用感受，研究开发适老化智能产品，简化应用程序使用步骤及操作界面，引导帮助老年人融入信息化社会，创新“(　　)”等消费模式，鼓励大型互联网企业全面对接养老服务需求，支持优质养老机构平台化发展，培育区域性、行业性综合信息平台。

A. 子女网上下单、老人体验服务

B. 老人网上下单、老人体验服务

C. 子女网上买单、老人线下体验

D. 他人网上买单、老人线下体验

11. 引导房地产项目开发充分考虑养老育幼需求。指导各地加快推进老年人(　　)改造。

A. 居家舒适化　　B. 居家享受化

C. 宜居老龄化　　D. 居家适老化

12. 促进康养融合发展的重点任务由(　　)牵头，教育部、民政部、住房城乡建设部、文化和旅游部、国家卫生健康委、体育总局参加。

A. 自然资源部　　B. 国家医保局

C. 国家发展改革委　　D. 中国残联

13. 促进用品制造提质升级，逐步完善养老托育服务和相关用品标准体系，由(　　)、科技部、国家发展改革委、民政部、国家卫生健康委、市场

监管总局、中国残联按职责分工负责。

A. 工业和信息化部　　B. 教育部

C. 中国残联　　D. 文化和旅游部

(三) 多项选择题

1. 国务院办公厅关于促进养老托育服务健康发展的意见包括(　　)。

A. 健全老有所养、幼有所育的政策体系

B. 扩大多方参与、多种方式的服务供给

C. 打造创新融合、包容开放的发展环境

D. 完善依法从严、便利高效的监管服务

2. 建立常态化督查机制，督促专项规划或实施方案的编制和实施，确保新建住宅小区与配套养老托育服务设施(　　)。

A. 同步规划　　B. 同步建设

C. 同步验收　　D. 同步交付

3. 引导各类主体提供普惠性服务，支持非营利性机构发展，综合运用规划、土地、住房、财政、投资、融资、人才等支持政策，扩大服务供给，提高服务质量，提升可持续发展能力。优化养老托育营商环境，推进要素市场制度建设，实现(　　)，促进公平竞争。

A. 政府宏观调控　　B. 要素价格市场决定

C. 流动自主有序　　D. 配置高效公平

4. 调整优化并适当放宽土地和规划要求，支持各类主体利用(　　)等开展养老托育服务。

A. 存量高效用地　　B. 建设服务用地

C. 存量低效用地　　D. 商业服务用地

5. 支持在社区综合服务设施开辟空间用于“一老一小”服务，探索允许空置公租房免费提供给社会力量供其在社区为老年人开展(　　)等服务。

A. 助餐助行　　B. 日间照料

C. 康复护理　　D. 老年教育

6. 完善运营补贴激励机制，引导养老服务机构优先接收经济困难的(　　)、计划生育特殊家庭老年人。

A. 失能失智　　B. 残疾

C. 丧偶　　D. 高龄

7. 加强(　　)、社会工作、婴幼儿发展与健康管理、婴幼儿保育等学科专业建设，结合行业发展动态优化专业设置，完善教学标准，加大培养力度。

A. 老年服务　　B. 老年医学

C. 老年设施　　D. 老年护理

8. 各地要加大政策支持和协调推进力度，集中解决(　　)等困难，确保转养老服务项目2022年底前基本投入运营。

A. 资产划转　　B. 改变土地用途

C. 房屋报建　　D. 规划衔接

9. 鼓励政府出资产业投资基金及市场化的创业投资基金、私募股权基金等按照(　　)原则，加大对养老托育领域的投资力度。

A. 市场化　　B. 经济化

C. 效率化　　D. 法治化

10. 支持各类机构举办老年大学、参与老年教育，推动举办(　　)，搭建全国老年教育资源共享和公共服务平台。

A. 老年开放大学　　B. 网上老年大学

C. 老年专业大学　　D. 专业老年大学

11. 推进智能服务机器人后发赶超，启动康复辅助器具应用推广工程，实施智慧老龄化技术推广应用工程，由民政部、工业和信息化部、(　　)按职责分工负责。

A. 科技部　　B. 国家发展改革委

C. 市场监管总局　　D. 中国残联

(四) 填空题

1. 分层次加强科学规划布局。根据“____”人口分布和结构变化，科学谋划“十四五”养老托育服务体系，促进服务能力提质扩容和区域均衡布局。

2. 省级人民政府要将____纳入国民经济和社会发展规划统筹推进，并制定

"十四五"养老托育专项规划或实施方案。

3. 优化乡村养老设施布局，整合区域内服务资源，开展社会化管理运营，不断拓展乡镇敬老院服务能力和____。
4. 探索在脱贫地区和____设置活动培训场所，依托基层力量提供集中托育、育儿指导、养护培训等服务，加强婴幼儿身心健康、社会交往、认知水平等方面早期发展干预。
5. 在年度建设用地供应计划中保障____需求，并结合实际安排在合理区位。
6. 在不违反国家强制性标准和规定前提下，各地可结合实际制定____和设施改造为养老托育场所设施的建设标准、指南和实施办法。
7. 建立健全"____"机制，定期集中处置存量房屋和设施改造手续办理、邻避民扰等问题。
8. 支持在社区综合服务设施开辟空间用于"一老一小"服务，探索允许____免费提供给社会力量供其在社区为老年人开展助餐助行、日间照料、康复护理、老年教育等服务。
9. 对吸纳符合条件劳动者的养老托育机构按规定给予____。
10. 深化____，培育产教融合型企业，支持实训基地建设，推行养老托育"职业培训包"和"____"培训模式。
11. 支持优质机构、行业协会开发公益课程，利用互联网平台等免费开放，依托____、村委会等基层力量提供养老育幼家庭指导服务，帮助家庭成员提高照护能力。
12. 实施普惠养老托育专项行动，发挥中央预算内投资引领作用，以____换机制，引导地方政府制定支持性"政策包"，带动企业提供普惠性"服务包"，建设一批普惠性养老服务机构和托育服务机构。

（五）简答题

1. 简述如何健全老有所养、幼有所育的政策体系。
2. 简述如何完善依法从严、便利高效的监管服务。
3. 简述促进养老托育服务健康发展的意义。

参考答案

（一）判断题

1. ×，解析：《国务院办公厅关于促进养老托育服务健康发展的意见》第3条规定，积极支持普惠性服务发展。大力发展成本可负担、方便可及的普惠性养老托育服务。引导各类主体提供普惠性服务，支持非营利性机构发展，综合运用规划、土地、住房、财政、投资、融资、人才等支持政策，扩大服务供给，提高服务质量，提升可持续发展能力。优化养老托育营商环境，推进要素市场制度建设，实现要素价格市场决定、流动自主有序、配置高效公平，促进公平竞争。
2. ×，解析：《国务院办公厅关于促进养老托育服务健康发展的意见》第4条规定，在城市居住社区建设补短板和城镇老旧小区改造中统筹推进养老托育服务设施建设，鼓励地方探索将老旧小区中的国企房屋和设施以适当方式转交政府集中改造利用。
3. ×，解析：《国务院办公厅关于促进养老托育服务健康发展的意见》第4条规定，非独立场所按照相关安全标准改造建设托育点并通过验收的，不需变更土地和房屋性质。
4. ×，解析：《国务院办公厅关于促进养老托育服务健康发展的意见》第7条规定，建立常态化指导监督机制，加强政策宣传引导，强化家庭赡养老年人和监护婴幼儿的主体责任，落实监护人对孤寡老人、遗弃儿童的监护责任。
5. ×，解析：《国务院办公厅关于促进养老托育服务健康发展的意见》第8条规定，发展集中管理运营的社区养老和托育服务网络，支持具备综合功能的社区服务设施建设，引导专业化机构进社区、进家庭。
6. √，解析：《国务院办公厅关于促进养老托育服务健康发展的意见》第9条。
7. ×，解析：《国务院办公厅关于促进养老托育服务健康发展的意见》第10条规定，鼓励培训疗养资源丰富、养老需求较大的中东部地区先行突破，重点推进。
8. √，解析：《国务院办公厅关于促进养老托育服务健康发展的意见》第11条。
9. ×，解析：《国务院办公厅关于促进养老托育服务健康发展的意见》第12条规定，引导金融机构提升服务质效。鼓励政府出资产业投资基金及市场化的创业投资基金、私募股权基金等按照市场化、法治化原则，加大对养老托育领域的投资力度。创新信贷支持方式，在依法合规、风险可控、商业可持续前提下，推进应收账款质押贷款，探索收费权质押贷款，落实好信贷人员尽职免责政策。

10. √，解析：《国务院办公厅关于促进养老托育服务健康发展的意见》第 12 条。

11. √，解析：《国务院办公厅关于促进养老托育服务健康发展的意见》第 13 条。

12. ×，解析：《国务院办公厅关于促进养老托育服务健康发展的意见》第 23 条规定，国家发展改革委要建立“一老一小”服务能力评价机制，加强对本意见落实工作的跟踪督促，及时向国务院报告。

（二）单项选择题

1. B，解析：《国务院办公厅关于促进养老托育服务健康发展的意见》第 2 条规定，统筹推进城乡养老托育发展。强化政府保基本兜底线职能，健全基本养老服务体系。优化乡村养老设施布局，整合区域内服务资源，开展社会化管理运营，不断拓展乡镇敬老院服务能力和辐射范围。

2. D，解析：《国务院办公厅关于促进养老托育服务健康发展的意见》第 2 条规定，完善老年人助餐服务体系，加强农村老年餐桌建设。探索在脱贫地区和城镇流动人口集聚区设置活动培训场所，依托基层力量提供集中托育、育儿指导、养护培训等服务，加强婴幼儿身心健康、社会交往、认知水平等方面早期发展干预。

3. B，解析：《国务院办公厅关于促进养老托育服务健康发展的意见》第 4 条规定，支持在社区综合服务设施开辟空间用于“一老一小”服务，探索允许空置公租房免费提供给社会力量供其在社区为老年人开展助餐助行、日间照料、康复护理、老年教育等服务。支持将各类房屋和设施用于发展养老托育，鼓励适当放宽最长租赁期限。非独立场所按照相关安全标准改造建设托育点并通过验收的，不需变更土地和房屋性质。

4. C，解析：《国务院办公厅关于促进养老托育服务健康发展的意见》第 8 条规定，优化居家社区服务。发展集中管理运营的社区养老和托育服务网络，支持具备综合功能的社区服务设施建设，引导专业化机构进社区、进家庭。建立家庭托育点登记备案制度，研究出台家庭托育点管理办法，明确登记管理、人员资质、服务规模、监督管理等制度规范，鼓励开展互助式服务。

5. A，解析：《国务院办公厅关于促进养老托育服务健康发展的意见》第 9 条规定，提升公办机构服务水平。加强公办和公建民营养老机构建设，坚持公益属性，切实满足特困人员集中供养需求。建立入住综合评估制度，结合服务能力适当拓展服务对象，重点为经济困难的失能失智、高龄、计划生育特殊家庭老年人提供托养服务。完善公建民营机制，打破以价格为主的筛选标准，综合从业信誉、服务水平、可持续性等质量指标，引进养老托育运营机构早期介入、全程参与项目工程建设，探索开展连锁化运营。

6. A，解析：《国务院办公厅关于促进养老托育服务健康发展的意见》第 9 条规定，完善公建民营机制，打破以价格为主的筛选标准，综合从业信誉、服务水平、可持续性等质量指标，引进养老托育运营机构早期介入、全程参与项目工程建设，探索开展连锁化运营。
7. D，解析：《国务院办公厅关于促进养老托育服务健康发展的意见》第 10 条规定，推动培训疗养资源转型发展养老服务。按照“应改尽改、能转则转”的原则，将转型发展养老服务作为党政机关和国有企事业单位所属培训疗养机构改革的主要方向。
8. B，解析：《国务院办公厅关于促进养老托育服务健康发展的意见》第 14 条规定，深化医养有机结合。发展养老服务联合体，支持根据老年人健康状况在居家、社区、机构间接续养老。为居家老年人提供上门医疗卫生服务，构建失能老年人长期照护服务体系。有效利用社区卫生服务机构、乡镇卫生院等基层医疗资源，开展社区医养结合能力提升行动。针对公共卫生突发事件，提升养老机构应急保障能力，增设隔离功能并配备必要的防控物资和设备，加强工作人员应急知识培训。
9. C，解析：《国务院办公厅关于促进养老托育服务健康发展的意见》第 16 条规定，促进用品制造提质升级。逐步完善养老托育服务和相关用品标准体系，加强标准制修订，强化标准实施推广，探索建立老年用品认证制度。推进互联网、大数据、人工智能、5G 等信息技术和智能硬件的深度应用，促进养老托育用品制造向智能制造、柔性生产等数字化方式转型。
10. A，解析：《国务院办公厅关于促进养老托育服务健康发展的意见》第 17 条规定，发展“互联网＋养老服务”，充分考虑老年群体使用感受，研究开发适老化智能产品，简化应用程序使用步骤及操作界面，引导帮助老年人融入信息化社会，创新“子女网上下单、老人体验服务”等消费模式，鼓励大型互联网企业全面对接养老服务需求，支持优质养老机构平台化发展，培育区域性、行业性综合信息平台。

11. D，解析：《国务院办公厅关于促进养老托育服务健康发展的意见》第18条规定，加强宜居环境建设。普及公共基础设施无障碍建设，鼓励有条件的地区结合城镇老旧小区改造加装电梯。加强母婴设施配套，在具备条件的公共场所普遍设置专席及绿色通道。引导房地产项目开发充分考虑养老育幼需求。指导各地加快推进老年人居家适老化改造。以满足老年人生活需求和营造婴幼儿成长环境为导向，推动形成一批具有示范意义的活力发展城市和社区。

12. C，解析：《国务院办公厅关于促进养老托育服务健康发展的意见》第13条规定，促进康养融合发展的重点任务由国家发展改革委牵头，教育部、民政部、住房城乡建设部、文化和旅游部、国家卫生健康委、体育总局参加。

13. A，解析：《国务院办公厅关于促进养老托育服务健康发展的意见》第16条规定，促进用品制造提质升级，逐步完善养老托育服务和相关用品标准体系，由工业和信息化部、科技部、国家发展改革委、民政部、国家卫生健康委、市场监管总局、中国残联按职责分工负责。

（三）多项选择题

1. ABCD，解析：《国务院办公厅关于促进养老托育服务健康发展的意见》规定，促进养老托育服务健康发展，有利于改善民生福祉，有利于促进家庭和谐，有利于培育经济发展新动能。为贯彻落实党中央、国务院决策部署，更好发挥各级政府作用，更充分激发社会力量活力，更好实现社会效益和经济效益相统一、持续提高人民群众的获得感、幸福感、安全感，经国务院同意，现提出以下意见：健全老有所养、幼有所育的政策体系；扩大多方参与、多种方式的服务供给；打造创新融合、包容开放的发展环境；完善依法从严、便利高效的监管服务。

2. ABCD，解析：《国务院办公厅关于促进养老托育服务健康发展的意见》第1条规定，根据“一老一小”人口分布和结构变化，科学谋划“十四五”养老托育服务体系，促进服务能力提质扩容和区域均衡布局。省级人民政府要将养老托育纳入国民经济和社会发展规划统筹推进，并制定“十四五”养老托育专项规划或实施方案。建立常态化督查机制，督促专项规划或实施方案的编制和实施，确保新建住宅小区与配套养老托育服务设施同步规划、同步建设、同步验收、同步交付。

3. BCD，解析：《国务院办公厅关于促进养老托育服务健康发展的意见》第3条规定，积极支持普惠性服务发展。大力发展成本可负担、方便可及的普惠性养老托育服务。引导各类主体提供普惠性服务，支持非营利性机构发展，综合运用规划、土地、住房、财政、投资、融资、人才等支持政策，扩大服务供给，提高服务质量，提升可持续发展能力。优化养老托育营商环境，推进要素市场制度建设，实现要素价格市场决定、流动自主有序、配置高效公平，促进公平竞争。

4. CD，解析：《国务院办公厅关于促进养老托育服务健康发展的意见》第 4 条规定，强化用地保障和存量资源利用。在年度建设用地供应计划中保障养老托育用地需求，并结合实际安排在合理区位。调整优化并适当放宽土地和规划要求，支持各类主体利用存量低效用地和商业服务用地等开展养老托育服务。

5. ABCD，解析：《国务院办公厅关于促进养老托育服务健康发展的意见》第 4 条规定，支持在社区综合服务设施开辟空间用于“一老一小”服务，探索允许空置公租房免费提供给社会力量供其在社区为老年人开展助餐助行、日间照料、康复护理、老年教育等服务。

6. AD，解析：《国务院办公厅关于促进养老托育服务健康发展的意见》第 5 条规定，推动财税支持政策落地。各地要建立工作协同机制，加强部门信息互通共享，确保税费优惠政策全面、及时惠及市场主体。同步考虑公建服务设施建设与后期运营保障，加强项目支出规划管理。完善运营补贴激励机制，引导养老服务机构优先接收经济困难的失能失智、高龄、计划生育特殊家庭老年人。对吸纳符合条件劳动者的养老托育机构按规定给予社保补贴。

7. BD，解析：《国务院办公厅关于促进养老托育服务健康发展的意见》第 6 条规定，提高人才要素供给能力。加强老年医学、老年护理、社会工作、婴幼儿发展与健康管理、婴幼儿保育等学科专业建设，结合行业发展动态优化专业设置，完善教学标准，加大培养力度。

8. ABCD，解析：《国务院办公厅关于促进养老托育服务健康发展的意见》第 10 条规定，推动培训疗养资源转型发展养老服务。按照“应改尽改、能转则转”的原则，将转型发展养老服务作为党政机关和国有企事业单位所属培训疗养机构改革的主要方向。各地要加大政策支持和协调推进力度，集中解决资产划转、改变土地用途、房屋报建、规划衔接等困难，确保转养老服务项目 2022 年底前基本投入运营。鼓励培训疗养资源丰富、养老需求较大的中东部地区先行突破，重点推进。

9. AD，解析：《国务院办公厅关于促进养老托育服务健康发展的意见》第 12 条规定，引导金融机构提升服务质效。鼓励政府出资产业投资基金及市场化的创业投资基金、私募股权基金等按照市场化、法治化原则，加大对养老托育领域的投资力度。

10. AB，解析：《国务院办公厅关于促进养老托育服务健康发展的意见》第13条规定，促进康养融合发展。支持面向老年人的健康管理、预防干预、养生保健、健身休闲、文化娱乐、旅居养老等业态深度融合。发挥中医药独特优势，促进中医药资源广泛服务老年人群体。支持各类机构举办老年大学、参与老年教育，推动举办“老年开放大学”、“网上老年大学”，搭建全国老年教育资源共享和公共服务平台。
11. ABCD，解析：《国务院办公厅关于促进养老托育服务健康发展的意见》第16条规定，推进智能服务机器人后发赶超，启动康复辅助器具应用推广工程，实施智慧老龄化技术推广应用工程，由民政部、工业和信息化部、科技部、国家发展改革委、市场监管总局、中国残联按职责分工负责。

（四）填空题

1. 一老一小。（《国务院办公厅关于促进养老托育服务健康发展的意见》第1条）
2. 养老托育。（《国务院办公厅关于促进养老托育服务健康发展的意见》第1条）
3. 辐射范围。（《国务院办公厅关于促进养老托育服务健康发展的意见》第2条）
4. 城镇流动人口集聚区。（《国务院办公厅关于促进养老托育服务健康发展的意见》第2条）
5. 养老托育用地。（《国务院办公厅关于促进养老托育服务健康发展的意见》第4条）
6. 存量房屋。（《国务院办公厅关于促进养老托育服务健康发展的意见》第4条）
7. 一事一议。（《国务院办公厅关于促进养老托育服务健康发展的意见》第4条）
8. 空置公租房。（《国务院办公厅关于促进养老托育服务健康发展的意见》第4条）
9. 社保补贴。（《国务院办公厅关于促进养老托育服务健康发展的意见》第4条）
10. 校企合作；工学一体化。（《国务院办公厅关于促进养老托育服务健康发展的

意见》第 6 条)

11. 居委会。(《国务院办公厅关于促进养老托育服务健康发展的意见》第 7 条)

12. 投资。(《国务院办公厅关于促进养老托育服务健康发展的意见》第 11 条)

(五) 简答题

1. 答:《国务院办公厅关于促进养老托育服务健康发展的意见》规定,健全老有所养、幼有所育的政策体系:(1) 分层次加强科学规划布局;(2) 统筹推进城乡养老托育发展;(3) 积极支持普惠性服务发展;(4) 强化用地保障和存量资源利用;(5) 推动财税支持政策落地;(6) 提高人才要素供给能力。

2. 答:《国务院办公厅关于促进养老托育服务健康发展的意见》规定,完善依法从严、便利高效的监管服务要做到以下几点:(1) 完善养老托育服务综合监管体系;(2) 切实防范各类风险;(3) 优化政务服务环境;(4) 积极发挥多方合力;(5) 强化数据资源支撑。

3. 答:《国务院办公厅关于促进养老托育服务健康发展的意见》规定,促进养老托育服务健康发展,有利于改善民生福祉,有利于促进家庭和谐,有利于培育经济发展新动能。

十二、国务院办公厅关于建立健全养老服务综合监管制度促进养老服务高质量发展的意见

（一）判断题

1. 加强院校外老年服务与管理人才培养，实施职业技能水平评价。（　　）
2. 依法依规从严惩处养老服务机构欺老、虐老等侵害老年人合法权益的行为，对相关责任人实施行业禁入措施。（　　）
3. 养老机构应当在各出入口、接待大厅、值班室、楼道、食堂等公共场所和部位安装视频监控。（　　）
4. 依法查处养老服务设施用地单位未经批准改变规划确定的土地用途，以及营利性养老服务机构擅自转让、出租、抵押划拨土地使用权的行为。（　　）
5. 完善养老服务市场主体引进机制，指导退出的养老服务机构妥善做好老年人的服务协议解除、安置等工作，切实保障老年人合法权益。（　　）
6. 从事养老服务的，未经登记管理机关核准登记，擅自以事业单位法人名义开展养老服务活动的，给予刑事处罚。（　　）
7. 落实监管责任，要强化机构主导责任，压实政府主体责任，发挥行业自律和社会监督作用。（　　）
8. 要深化行政执法体制改革，最大限度减少不必要的行政执法事项。（　　）
9. 依法依规实施失信联合激励和守信联合惩戒，引导养老服务机构诚信守法经营。（　　）
10. 民政部门要依托基本公共卫生服务老年人健康管理项目，及时采集老年人健康管理信息，形成健康档案基本数据集。（　　）
11. 财政部门要依托社会保障卡应用推广工作，实现老年人社会保障信息在

养老服务领域共享复用。(　　)

12. 银保监部门依法负责对银行业、保险业金融机构参与养老服务市场相关行为进行监督管理。指导和督促银行、保险机构做好对涉嫌非法集资风险的排查。(　　)

(二) 单项选择题

1. (　　)会同住房城乡建设部门加强养老服务机构建筑使用安全检查，及时发现安全隐患，督促养老服务机构采取修缮、更换等措施整改消除。

A. 司法部门　　B. 老少妇幼残保护部门

C. 民政部门　　D. 民生部门

2. 明确监管重点不包括(　　)。

A. 加强质量安全监管　　B. 加强从业人员监管

C. 加强涉及资金监管　　D. 加强运营方式监管

3. 引导养老服务机构以(　　)方式筹集和使用养老服务涉及资金。

A. 合法合规　　B. 合理合法

C. 合理合规　　D. 合法合理

4. 指导养老机构按照国家有关规定和当事方协议约定提供服务，建立(　　)，引导老年人及其代理人依法维权。

A. 纠纷调节机制　　B. 纠纷协商调解机制

C. 协议约定调解机制　　D. 和解、调解机制

5. 加强对(　　)养老服务机构退出财产处置的监管。

A. 公办营利性　　B. 公办非营利性

C. 民办营利性　　D. 民办非营利性

6. 依法打击无证无照从事养老服务的行为，对未依法取得营业执照以市场主体名义从事养老服务经营活动的，按照(　　)的有关规定查处。

A. 《无证无照经营查处取缔办法》

B. 《社会保险法》

C. 《无证无照经营查处办法》

D. 《公司登记管理条例》

7. 从事养老服务的，未经登记擅自以社会服务机构名义开展养老服务活动

的，由(　　)依法查处。

A. 民政部门　　B. 司法部门

C. 公安机关　　D. 监察机关

8. 从事养老服务的，未经登记管理机关核准登记，擅自以事业单位法人名义开展养老服务活动的，由(　　)依法采取措施予以制止。

A. 公司登记管理机关

B. 无证无照经营查处机关

C. 事业单位登记管理机关

D. 无证无照经营查处取缔机关

9. 养老服务机构要全面落实传染病疫情防控要求，坚持(　　)为主，指导老年人做好个人防护。

A. 预防　　B. 治疗

C. 发现　　D. 隔绝

10. 养老服务机构发生生产安全事故的，应当依照生产安全事故报告和调查处理相关要求，向(　　)县级以上应急管理部门和民政部门报告。

A. 事故发生地　　B. 事故起因地

C. 事故结果地　　D. 事故相关地

11. 各相关部门要按照职责分工依法履行业务指导和监管职责，实行(　　)监管。

A. 表格式　　B. 清单式

C. 列表式　　D. 规划式

12. 养老服务机构对依法登记、备案承诺、履约服务、质量安全、应急管理、消防安全等承担主体责任，其主要负责人是(　　)。

A. 第一责任人　　B. 直接责任人

C. 连带责任人　　D. 按份责任人

13. 民政部门在监督检查中发现养老服务机构存在建筑、消防、食品、医疗卫生、环境保护、特种设备等方面安全隐患，对应当采取行政强制措施或者行政强制执行的，应当通知具备相应执法权限的部门或者申请(　　)依法处理。

A. 人民检察院　　B. 公安机关

C. 上级民政部门　　　　　　　　D. 人民法院

14. 建立养老机构备案(　　)，推动形成标准公开、规则公平、预期明确、各负其责的治理模式。

A. 信用监管制度　　　　　　　　B. 信用激励与惩戒制度

C. 信用承诺制度　　　　　　　　D. 信用审查制度

15. 全面建立养老服务市场主体信用记录，以统一社会信用代码为标识，整合形成完整的市场主体信用记录，并通过“(　　)”网站、国家企业信用信息公示系统或中国政府网及相关部门门户网站等渠道依法依规向社会公开，实现对违法失信行为信息的在线披露和信息共享。

A. 信管中国　　　　　　　　B. 信用中国

C. 诚信中国　　　　　　　　D. 信用中华

16. (　　)依法负责查处养老服务机构不执行政府定价、政府指导价和不按规定明码标价等价格违法行为，推动养老服务标准化工作，对营利性养老机构进行登记管理，对养老服务机构的特种设备安全、食品安全进行监督检查。

A. 医疗保障部门　　　　　　　　B. 住房城乡建设部门

C. 市场监管部门　　　　　　　　D. 财政部门

(三) 多项选择题

1. 坚持公正监管、规范执法，不断优化营商环境，引导和激励养老服务机构(　　)，更好适应养老服务高质量发展要求，更好满足人民群众日益增长的养老服务需求。

A. 诚信守法经营　　　　　　　　B. 积极转型升级

C. 不断提高质量　　　　　　　　D. 持续优化服务

2.《国务院办公厅关于建立健全养老服务综合监管制度促进养老服务高质量发展的意见》提出了下列哪些意见?(　　)。

A. 明确监管重点　　　　　　　　B. 落实监管责任

C. 创新监管方式　　　　　　　　D. 加强保障和落实

3. 养老服务机构包括(　　)。

A. 居家养老服务机构　　　　　　　　B. 养老机构

C. 居家社区养老服务机构　　D. 居家家庭养老服务机构

4. 民政部门会同消防救援机构、住房城乡建设等有关部门抓好养老服务机构消防安全整治，摸清消防安全状况，建立(　　)“三个清单”，对重大火灾隐患要提请政府挂牌督办、推动整改。

A. 发现　　B. 隐患

C. 整改　　D. 责任

5. 养老服务从业人员包括养老服务机构的(　　)等相关人员。

A. 法定代表人　　B. 主要负责人

C. 管理人员　　D. 养老护理员

6. 养老服务机构中从事(　　)等服务的专业技术人员，应当具备相关资格。

A. 医疗护理　　B. 医疗诊断

C. 康复治疗　　D. 消防管理

7. 加强对养老服务机构申领使用政府提供的建设运营补贴资金的监督管理，定期对养老服务机构申领使用补贴资金信息的(　　)进行抽查、核查，依法打击以虚报冒领等方式骗取补贴资金的行为。

A. 真实性　　B. 合法性

C. 流通性　　D. 准确性

8. 加大对涉及使用财政资金的养老服务重点建设项目实施过程的(　　)跟踪审计问效力度。

A. 真实性　　B. 合法性

C. 针对性　　D. 效益性

9. 养老机构应当建立健全内部管理档案，妥善保管异常事件报告、紧急呼叫记录、(　　)等原始资料。

A. 值班记录　　B. 交接班记录

C. 门卫记录　　D. 视频监控记录

10. 加强对民办非营利性养老服务机构退出财产处置的监管，防止因(　　)等造成财产流失或者转移。

A. 权钱交易　　B. 关联关系

C. 利益输送　　D. 内部人控制

11. 建立完善养老服务机构突发事件的(　　)等工作机制。

A. 预防与应急准备　　　　B. 监测与预警

C. 应急处置与救援　　　　D. 事后恢复与重建

12. 养老服务机构发生或者可能发生传染病暴发或者流行、不明原因的群体性疾病、重大食物中毒事件的，应当依照(　　)等相关要求，向所在地县级卫生健康主管部门、疾病预防控制机构和民政部门报告。

A.《中华人民共和国突发事件应对法》

B.《中华人民共和国传染病防治法》

C.《中华人民共和国健康管理条例》

D.《突发公共卫生事件应急条例》

13. 加大养老服务领域信息公开力度，建立养老服务质量信息公开清单制度，督促养老服务机构通过书面告知、在机构显要位置设置公示栏等方式，主动公开其(　　)等事项，畅通群众监督渠道。

A. 基本信息　　　　B. 规章制度

C. 服务项目　　　　D. 收费标准

14. 健全各部门协调配合机制，实现(　　)，避免多头多层重复执法，切实减轻养老服务机构和从业人员负担。

A. 违法线索互联　　　　B. 服务责任共担

C. 监管标准互通　　　　D. 处理结果互认

15. 民政部门要依托“金民工程”，及时采集养老服务机构基本信息、(　　)，以及养老护理员等从业人员职业技能等级、从业经历、职业信用等数据信息，形成养老服务机构组织信息基本数据集和养老从业人员基本数据集。

A. 服务质量　　　　B. 运营情况

C. 安全管理　　　　D. 补贴发放

(四) 填空题

1. 党中央、国务院高度重视发展养老服务，着力构建居家社区机构相协调、____相结合的养老服务体系。

2. 深化“____”改革，加快形成高效规范、公平竞争的养老服务统一市场。

3. 建立健全____，坚持公正监管、规范执法，不断优化营商环境，引导和激励养老服务机构诚信守法经营、积极转型升级、持续优化服务。

4. 按照“____”原则，引导养老服务机构立足长期安全运营，落实安全责任，主动防范消除本机构在建筑、消防、食品、医疗卫生等方面的安全风险和隐患。
5. 督促指导养老服务机构落实食品安全责任，加强食品安全日常监督管理，开展养老服务机构____。
6. 加强养老护理员岗前职业技能培训及岗位职业技能提升培训，积极开展养老护理员____认定工作。
7. 严格____，依法依规加强对有关培训评价组织和职业技能等级证书的监管，防止出现乱培训、滥发证现象。
8. 加强对政府购买养老服务的监督管理，依法查处弄虚作假、____等违法违规行为。
9. 加大对以____为名非法集资的风险排查力度，做好政策宣传和风险提示，依法打击养老服务机构以养老服务为名的非法集资活动。
10. 养老服务机构要依法制定自然灾害、事故灾难、公共卫生事件等突发事件应急预案，在场所内配备报警装置和必要的应急救援设备、设施，开展有关突发事件应急知识的宣传普及活动和必要的____。
11. 养老服务领域行业组织要积极推行行业信用承诺制度，健全行业自律规约，规范会员生产和经营行为，加强会员信用管理，推动行业____建设。
12. 优化养老服务投诉举报受理流程，实现“____、归口负责”。
13. 探索乡镇综合执法有效形式，将养老服务综合监管纳入由省级政府统一制定的____清单，建立健全乡镇政府与县级执法部门的协作机制。
14. 建立以“____”监管为基本手段、以重点监管为补充、以信用监管为基础的新型监管机制。
15. 各部门要将涉及老年人相关信息向国家人口基础信息库汇聚，公安部门要依托国家人口基础信息库，形成____。
16. 依托全国一体化政务服务平台和国家“互联网 + ____”系统推进有关基本数据集共享，推动技术对接、数据汇聚和多场景使用，实现跨地区互通互认、信息一站式查询和综合监管“一张网”。

（五）简答题

1. 简述加强保障和落实中关于加大宣传力度的内容。
2. 简述养老服务综合监管相关部门职责分工中，公安部门、民政部门、人力资源社会保障部的职责。

参考答案

（一）判断题

1. ×，解析：《国务院办公厅关于建立健全养老服务综合监管制度促进养老服务高质量发展的意见》第 2 条规定，加强院校内老年服务与管理人才培养，实施职业技能水平评价。
2. √，解析：《国务院办公厅关于建立健全养老服务综合监管制度促进养老服务高质量发展的意见》第 2 条。
3. √，解析：《国务院办公厅关于建立健全养老服务综合监管制度促进养老服务高质量发展的意见》第 4 条。
4. ×，解析：《国务院办公厅关于建立健全养老服务综合监管制度促进养老服务高质量发展的意见》第 4 条规定，依法查处养老服务设施用地单位未经批准改变规划确定的土地用途，以及非营利性养老服务机构擅自转让、出租、抵押划拨土地使用权的行为。
5. ×，解析：《国务院办公厅关于建立健全养老服务综合监管制度促进养老服务高质量发展的意见》第 4 条规定，完善养老服务市场主体退出机制，指导退出的养老服务机构妥善做好老年人的服务协议解除、安置等工作，切实保障老年人合法权益。
6. ×，解析：《国务院办公厅关于建立健全养老服务综合监管制度促进养老服务高质量发展的意见》第 4 条规定，未经登记管理机关核准登记，擅自以事业单位法人名义开展养老服务活动的，由事业单位登记管理机关依法采取措施予以制止，并给予行政处罚。
7. ×，解析：根据《国务院办公厅关于建立健全养老服务综合监管制度促进养老服务高质量发展的意见》的规定，落实监管责任，要强化政府主导责任，压实机构主体责任，发挥行业自律和社会监督作用。

8. √，解析：《国务院办公厅关于建立健全养老服务综合监管制度促进养老服务高质量发展的意见》第 6 条。
9. ×，解析：《国务院办公厅关于建立健全养老服务综合监管制度促进养老服务高质量发展的意见》第 10 条规定，依法依规实施守信联合激励和失信联合惩戒，引导养老服务机构诚信守法经营。
10. ×，解析：《国务院办公厅关于建立健全养老服务综合监管制度促进养老服务高质量发展的意见》第 11 条规定，卫生健康部门要依托基本公共卫生服务老年人健康管理项目，及时采集老年人健康管理信息，形成健康档案基本数据集。
11. ×，解析：《国务院办公厅关于建立健全养老服务综合监管制度促进养老服务高质量发展的意见》第 11 条规定，人力资源社会保障部门要依托社会保障卡应用推广工作，实现老年人社会保障信息在养老服务领域共享复用。
12. √，解析：《国务院办公厅关于建立健全养老服务综合监管制度促进养老服务高质量发展的意见》附件：《养老服务综合监管相关部门职责分工》。

（二）单项选择题

1. C，解析：《国务院办公厅关于建立健全养老服务综合监管制度促进养老服务高质量发展的意见》规定，民政部门会同住房城乡建设部门加强养老服务机构建筑使用安全检查，及时发现安全隐患，督促养老服务机构采取修缮、更换等措施整改消除。
2. D，解析：《国务院办公厅关于建立健全养老服务综合监管制度促进养老服务高质量发展的意见》第 1 条规定，监管重点包括：（1）加强质量安全监管；（2）加强从业人员监管；（3）加强涉及资金监管；（4）加强运营秩序监管；（5）加强突发事件应对。
3. A，解析：《国务院办公厅关于建立健全养老服务综合监管制度促进养老服务高质量发展的意见》第 3 条规定，加强涉及资金监管。引导养老服务机构以合法合规方式筹集和使用养老服务涉及资金。
4. B，解析：《国务院办公厅关于建立健全养老服务综合监管制度促进养老服务高质量发展的意见》第 4 条规定，指导养老机构按照国家有关规定和当事方协议约定提供服务，建立纠纷协商调解机制，引导老年人及其代理人依法维权。
5. D，解析：《国务院办公厅关于建立健全养老服务综合监管制度促进养老服务高质量发展的意见》第 4 条规定，加强对民办非营利性养老服务机构退出财产处置的监管，防止因关联关系、利益输送、内部人控制等造成财产流失或者转移。

6. C，解析：《国务院办公厅关于建立健全养老服务综合监管制度促进养老服务高质量发展的意见》第 4 条规定，依法打击无证无照从事养老服务的行为，对未依法取得营业执照以市场主体名义从事养老服务经营活动的，按照《无证无照经营查处办法》的有关规定查处。

7. A，解析：《国务院办公厅关于建立健全养老服务综合监管制度促进养老服务高质量发展的意见》第 4 条规定，依法打击无证无照从事养老服务的行为，对未依法取得营业执照以市场主体名义从事养老服务经营活动的，按照《无证无照经营查处办法》的有关规定查处；未经登记擅自以社会服务机构名义开展养老服务活动的，由民政部门依法查处；未经登记管理机关核准登记，擅自以事业单位法人名义开展养老服务活动的，由事业单位登记管理机关依法采取措施予以制止，并给予行政处罚。

8. C，解析：《国务院办公厅关于建立健全养老服务综合监管制度促进养老服务高质量发展的意见》第 4 条规定，依法打击无证无照从事养老服务的行为，对未依法取得营业执照以市场主体名义从事养老服务经营活动的，按照《无证无照经营查处办法》的有关规定查处；未经登记擅自以社会服务机构名义开展养老服务活动的，由民政部门依法查处；未经登记管理机关核准登记，擅自以事业单位法人名义开展养老服务活动的，由事业单位登记管理机关依法采取措施予以制止，并给予行政处罚。

9. A，解析：《国务院办公厅关于建立健全养老服务综合监管制度促进养老服务高质量发展的意见》第 5 条规定，养老服务机构要全面落实传染病疫情防控要求，坚持预防为主，指导老年人做好个人防护。

10. A，解析：《国务院办公厅关于建立健全养老服务综合监管制度促进养老服务高质量发展的意见》第 5 条规定，养老服务机构发生生产安全事故的，应当依照生产安全事故报告和调查处理相关要求，向事故发生地县级以上应急管理部门和民政部门报告。

11. B，解析：《国务院办公厅关于建立健全养老服务综合监管制度促进养老服务高质量发展的意见》第 6 条规定，各相关部门要按照职责分工依法履行业务指导和监管职责，实行清单式监管，明确监管事项、监管措施、监管依据、监管流程，监管结果要及时、准确、规范向社会公开。

12. A，解析：《国务院办公厅关于建立健全养老服务综合监管制度促进养老服务高质量发展的意见》第 7 条规定，养老服务机构对依法登记、备案承诺、履约服务、质量安全、应急管理、消防安全等承担主体责任，其主要负责人是第一责任人。

13. D，解析：《国务院办公厅关于建立健全养老服务综合监管制度促进养老服务高质量发展的意见》第 9 条规定，民政部门在监督检查中发现养老服务机构存在建筑、消防、食品、医疗卫生、环境保护、特种设备等方面安全隐患，应当立即督促养老服务机构采取措施消除隐患，并书面告知相关部门；对安全隐患突出或者情况紧急需要立即处置的，应当依法责令养老服务机构停业整顿或者采取紧急措施处置，并通知相关部门到场处理；对应当采取行政强制措施或者行政强制执行的，应当通知具备相应执法权限的部门或者申请人民法院依法处理。

14. C，解析：《国务院办公厅关于建立健全养老服务综合监管制度促进养老服务高质量发展的意见》第 10 条规定，建立养老机构备案信用承诺制度，推动形成标准公开、规则公平、预期明确、各负其责的治理模式。

15. B，解析：《国务院办公厅关于建立健全养老服务综合监管制度促进养老服务高质量发展的意见》第 10 条规定，全面建立养老服务市场主体信用记录，以统一社会信用代码为标识，整合形成完整的市场主体信用记录，并通过“信用中国”网站、国家企业信用信息公示系统或中国政府网及相关部门门户网站等渠道依法依规向社会公开，实现对违法失信行为信息的在线披露和信息共享。

16. C，解析：根据《国务院办公厅关于建立健全养老服务综合监管制度促进养老服务高质量发展的意见》的附件之《养老服务综合监管相关部门职责分工》的规定，市场监管部门依法负责查处养老服务机构不执行政府定价、政府指导价和不按规定明码标价等价格违法行为，推动养老服务标准化工作，对营利性养老机构进行登记管理，对养老服务机构的特种设备安全、食品安全进行监督检查。

（三）多项选择题

1. ABD，解析：《国务院办公厅关于建立健全养老服务综合监管制度促进养老服务高质量发展的意见》规定，为深入贯彻落实党的十九大和十九届二中、三中、四中、五中全会精神，深化“放管服”改革，加快形成高效规范、公平竞争的养老服务统一市场，建立健全养老服务综合监管制度，坚持公正监管、规范执法，不断优化营商环境，引导和激励养老服务机构诚信守法经营、积极转型升级、持续优化服务，更好适应养老服务高质量发展要求，更好满足人民群众日益增长的养老服务需求，经国务院同意，现提出以下意见。

2. ABCD，解析：《国务院办公厅关于建立健全养老服务综合监管制度促进养老服务高质量发展的意见》提出以下意见：（1）明确监管重点；（2）落实监管责任；（3）创新监管方式；（4）加强保障和落实。

3. BC，解析：《国务院办公厅关于建立健全养老服务综合监管制度促进养老服务高质量发展的意见》第1条规定，加强质量安全监管。按照"谁审批谁监管、谁主管谁监管"原则，引导养老服务机构（包括养老机构、居家社区养老服务机构。居家社区养老服务机构的认定办法由民政部另行制定）立足长期安全运营，落实安全责任，主动防范消除本机构在建筑、消防、食品、医疗卫生等方面的安全风险和隐患。

4. BCD，解析：《国务院办公厅关于建立健全养老服务综合监管制度促进养老服务高质量发展的意见》第1条规定，民政部门会同消防救援机构、住房城乡建设等有关部门抓好养老服务机构消防安全整治，摸清消防安全状况，建立隐患、整改、责任"三个清单"，对重大火灾隐患要提请政府挂牌督办、推动整改。

5. ABCD，解析：《国务院办公厅关于建立健全养老服务综合监管制度促进养老服务高质量发展的意见》第2条规定，加强从业人员监管。引导从业人员（包括养老服务机构的法定代表人、主要负责人、管理人员以及养老护理员等相关人员）自觉养成良好品行、掌握专业技能，提升服务质量和水平。

6. ACD，解析：《国务院办公厅关于建立健全养老服务综合监管制度促进养老服务高质量发展的意见》第2条规定，养老服务机构应当制定员工守则，定期组织从业人员进行职业道德教育培训，提升从业人员职业道德水平。养老服务机构中从事医疗护理、康复治疗、消防管理等服务的专业技术人员，应当具备相关资格。

7. AD，解析：《国务院办公厅关于建立健全养老服务综合监管制度促进养老服务高质量发展的意见》第3条规定，加强对养老服务机构申领使用政府提供的建设运营补贴资金的监督管理，定期对养老服务机构申领使用补贴资金信息的真实性、准确性进行抽查、核查，依法打击以虚报冒领等方式骗取补贴资金的行为。

8. ABD，解析：《国务院办公厅关于建立健全养老服务综合监管制度促进养老服务高质量发展的意见》第3条规定，加大对涉及使用财政资金的养老服务重点建设项目实施过程的真实性、合法性、效益性跟踪审计问效力度。

9. ABCD，解析：《国务院办公厅关于建立健全养老服务综合监管制度促进养老服务高质量发展的意见》第 4 条规定，养老机构应当建立健全内部管理档案，妥善保管异常事件报告、紧急呼叫记录、值班记录、交接班记录、门卫记录、视频监控记录等原始资料。

10. BCD，解析：《国务院办公厅关于建立健全养老服务综合监管制度促进养老服务高质量发展的意见》第 4 条规定，加强对民办非营利性养老服务机构退出财产处置的监管，防止因关联关系、利益输送、内部人控制等造成财产流失或者转移。

11. ABCD，解析：《国务院办公厅关于建立健全养老服务综合监管制度促进养老服务高质量发展的意见》第 5 条规定，建立完善养老服务机构突发事件的预防与应急准备、监测与预警、应急处置与救援、事后恢复与重建等工作机制。

12. ABD，解析：《国务院办公厅关于建立健全养老服务综合监管制度促进养老服务高质量发展的意见》第 5 条规定，养老服务机构发生或者可能发生传染病暴发或者流行、不明原因的群体性疾病、重大食物中毒事件的，应当依照《中华人民共和国突发事件应对法》、《中华人民共和国传染病防治法》、《突发公共卫生事件应急条例》等相关要求，向所在地县级卫生健康主管部门、疾病预防控制机构和民政部门报告。

13. ABCD，解析：《国务院办公厅关于建立健全养老服务综合监管制度促进养老服务高质量发展的意见》第 8 条规定，加大养老服务领域信息公开力度，建立养老服务质量信息公开清单制度，督促养老服务机构通过书面告知、在机构显要位置设置公示栏等方式，主动公开其基本信息、规章制度、服务项目、收费标准等事项，畅通群众监督渠道。

14. ACD，解析：《国务院办公厅关于建立健全养老服务综合监管制度促进养老服务高质量发展的意见》第 9 条规定，健全各部门协调配合机制，实现违法线索互联、监管标准互通、处理结果互认，避免多头多层重复执法，切实减轻养老服务机构和从业人员负担。

15. ABCD，解析：《国务院办公厅关于建立健全养老服务综合监管制度促进养老服务高质量发展的意见》第 11 条规定，民政部门要依托“金民工程”，及时采集养老服务机构基本信息、服务质量、运营情况、安全管理、补贴发放，以及养老护理员等从业人员职业技能等级、从业经历、职业信用等数据信息，形成养老服务机构组织信息基本数据集和养老从业人员基本数据集。

（四）填空题

1. 医养康养。（《国务院办公厅关于建立健全养老服务综合监管制度促进养老服务高质量发展的意见》）
2. 放管服。（《国务院办公厅关于建立健全养老服务综合监管制度促进养老服务高质量发展的意见》）
3. 养老服务综合监管制度。（《国务院办公厅关于建立健全养老服务综合监管制度促进养老服务高质量发展的意见》）
4. 谁审批谁监管、谁主管谁监管。（《国务院办公厅关于建立健全养老服务综合监管制度促进养老服务高质量发展的意见》第 1 条）
5. 食品安全风险监测。（《国务院办公厅关于建立健全养老服务综合监管制度促进养老服务高质量发展的意见》第 1 条）
6. 职业技能等级。（《国务院办公厅关于建立健全养老服务综合监管制度促进养老服务高质量发展的意见》第 2 条）
7. 末端监督执法。（《国务院办公厅关于建立健全养老服务综合监管制度促进养老服务高质量发展的意见》第 2 条）
8. 挤占挪用。（《国务院办公厅关于建立健全养老服务综合监管制度促进养老服务高质量发展的意见》第 3 条）
9. 养老服务。（《国务院办公厅关于建立健全养老服务综合监管制度促进养老服务高质量发展的意见》第 3 条）
10. 应急演练。（《国务院办公厅关于建立健全养老服务综合监管制度促进养老服务高质量发展的意见》第 5 条）
11. 自律体系。（《国务院办公厅关于建立健全养老服务综合监管制度促进养老服务高质量发展的意见》第 8 条）
12. 民政牵头。（《国务院办公厅关于建立健全养老服务综合监管制度促进养老服务高质量发展的意见》第 8 条）
13. 赋权。（《国务院办公厅关于建立健全养老服务综合监管制度促进养老服务高质量发展的意见》第 9 条）
14. 双随机、一公开。（《国务院办公厅关于建立健全养老服务综合监管制度促进养老服务高质量发展的意见》第 9 条）
15. 老年人基本信息数据集。（《国务院办公厅关于建立健全养老服务综合监管制度促进养老服务高质量发展的意见》第 11 条）

16. 监管。(《国务院办公厅关于建立健全养老服务综合监管制度促进养老服务高质量发展的意见》第11条)

(五)简答题

1. 答:《国务院办公厅关于建立健全养老服务综合监管制度促进养老服务高质量发展的意见》第15条规定,加大宣传力度。按照"谁执法谁普法"普法责任制要求,积极开展养老服务法治宣传教育。加强舆论引导,把推动养老服务综合监管工作与保障老年人合法权益和实现养老服务高质量发展相结合,积极营造敬老、爱老、助老社会氛围。各地区各部门要通过多种途径、采取多种形式宣传监管职责、措施、工作进展情况和成效,鼓励和引导全社会参与,推动形成关心、支持养老服务综合监管、促进养老服务高质量发展的良好氛围。

2. 答:根据《国务院办公厅关于建立健全养老服务综合监管制度促进养老服务高质量发展的意见》的附件《养老服务综合监管相关部门职责分工》的规定,公安部门依法负责查处扰乱养老服务机构工作秩序,故意伤害、虐待老年人等侵犯老年人人身权利,以及以养老服务为名实施非法集资和诈骗等侵犯老年人财产权利的违法犯罪行为。加强人口管理信息的共享应用,提升行业监管能力和服务管理效率。民政部门依法负责对养老服务机构服务质量、安全、运营的监督管理,推进养老服务标准化体系建设,开展养老服务机构信用监管,以及对社会服务机构性质的养老服务机构和养老服务领域行业组织的登记管理和业务指导监督工作。人力资源社会保障部依法负责会同民政部建立完善养老护理员国家职业技能标准,依照职责权限做好院校外和技工院校的职业技能等级证书的监督管理。推动社会保障卡在养老服务领域应用,加强老年人社会保障公共服务的信息共享。

十三、国务院办公厅关于推进养老服务发展的意见

（一）判断题

1. 党中央、国务院高度重视养老服务。(　　)
2. 虽然养老服务体系建设取得显著成效，但总的看，养老服务市场活力尚未充分激发，发展不平衡不充分、有效供给不足、服务质量不高等问题依然存在，人民群众养老服务需求尚未有效满足。(　　)
3. 建立养老服务综合监管制度中，制定“履职照单免责、失职照单问责”的责任清单。(　　)
4. 继续深化公办养老机构改革，要坚持公办养老机构公益属性。(　　)
5. 继续深化公办养老机构改革，要探索具备条件的公办养老机构改制为集体养老服务企业。(　　)
6. 集体养老机构运营方应定期向委托部门报告机构资产情况、运营情况，及时报告突发重大情况。(　　)
7. 可以以土地、房屋性质等为理由，拒绝对养老服务机构执行相关价格政策。(　　)
8. 将养老服务纳入政府购买服务指导性目录，全面梳理现行由财政支出安排的各类养老服务项目，以市为单位制定政府购买养老服务标准，重点购买生活照料、康复护理、机构运营、社会工作和人员培养等服务。(　　)
9. 对已经在其他地方取得营业执照的企业，仍可要求其在本地开展经营活动时必须设立子公司。(　　)
10. 探索允许营利性养老机构以有偿取得的土地、设施等资产进行抵押融资。(　　)
11. 国家鼓励企业发行可续期债券，用于养老机构等投资回收期较短的项目建设。(　　)
12. 建立养老服务褒扬机制。研究设立全国养老服务工作先进集体和先进个

人评比达标表彰项目。(　　)

13. 鼓励发展商业性长期护理保险产品，为参保人提供个性化长期照护服务。(　　)

14. 对存在配套养老服务设施缓建、缩建、停建、不建和建而不交等问题的，在整改到位之前建设单位可以组织竣工验收。(　　)

(二) 单项选择题

1. (　　)要将企业登记基本信息共享至省级共享平台或省级部门间数据接口；(　　)要及时下载养老机构相关信息，加强指导和事中事后监管。

A. 市场监管部门；财政部门

B. 民政部门；市场监管部门

C. 市场监管部门；民政部门

D. 财政部门；市场监管部门

2. 深化放管服改革的内容不包括(　　)。

A. 推动解决养老服务机构融资问题

B. 建立养老服务综合监管制度

C. 解决养老机构消防审验问题

D. 减轻养老服务税费负担

3. 聚焦减税降费，养老服务机构符合现行政策规定条件的，可享受(　　)等财税优惠政策。

A. 小微企业　　B. 国有企业

C. 中小型企业　　D. 集体企业

4. 民政部本级和地方各级政府用于社会福利事业的彩票公益金，要加大倾斜力度，到 2022 年要将不低于(　　)的资金用于支持发展养老服务。

A. 25%　　B. 35%

C. 45%　　D. 55%

5. 接收经济困难的(　　)老年人的养老机构，不区分经营性质按上述老年人数量同等享受运营补贴，入住的上述老年人按规定享受养老服务补贴。

A. 残疾　　B. 高龄失能

C. 丧偶　　D. 无子

6. 非营利性养老机构可在其登记管理机关管辖区域内设立多个(　　)的服务网点。

A. 具备法人资格　　B. 不具备经营资格

C. 不具备法人资格　　D. 具备经营资格

7. 对符合授信条件但暂时遇到经营困难的(　　)养老机构，要继续予以资金支持。

A. 公办　　B. 集体

C. 民办　　D. 国有

8. 支持(　　)举办养老服务机构或参与养老服务机构的建设和运营，适度拓宽保险资金投资建设养老项目资金来源。

A. 财产保险机构　　B. 商业保险机构

C. 人身保险机构　　D. 交通安全保险机构

9. 对于项目建成后有稳定现金流的养老服务项目，允许以项目未来收益权为债券发行提供(　　)。

A. 抵押担保　　B. 保证

C. 质押担保　　D. 流押或流质

10. 对符合小微企业标准的养老服务机构新招用毕业年度高校毕业生，签订(　　)年以上劳动合同并缴纳社会保险费的，按规定给予社会保险补贴。

A. 1　　B. 2

C. 3　　D. 4

11. 完善全国统一的(　　)，通过政府购买服务等方式，统一开展老年人能力综合评估，考虑失能、失智、残疾等状况，评估结果作为领取老年人补贴、接受基本养老服务的依据。

A. 老年人生活评估标准　　B. 老年人经济评估标准

C. 老年人智力评估标准　　D. 老年人能力评估标准

12. 扩大养老目标基金管理规模，稳妥推进养老目标证券投资基金注册，可以设置优惠的基金费率，通过差异化费率安排，鼓励(　　)长期持有养老目标基金。

A. 老年人　　B. 投资人

C. 老年人的监护人　　D. 养老服务机构

13. 加强老年人消费权益保护和养老服务领域(　　)整治工作。

A. 非法集资　　B. 非法收费

C. 强制集资　　D. 强制收费

14. 具备法人资格的(　　)可通过变更登记事项或经营范围开展养老服务。

A. 养老机构　　B. 医疗机构

C. 社会服务机构　　D. 中医药机构

15. 有条件的地区可支持家庭医生出诊为老年人服务。鼓励医护人员到(　　)执业，并在职称评定等方面享受同等待遇。

A. 养老服务机构　　B. 医疗服务机构

C. 医养结合机构　　D. 养疗结合机构

16. “三社联动”机制不包括(　　)。

A. 以社区为平台　　B. 养老服务类社会组织为载体

C. 社会工作者为支撑　　D. 社会保障为支柱

(三) 多项选择题

1. 养老服务机构(　　)等信息按经营性质分别通过全国信用信息共享平台、国家企业信用信息公示系统记于其名下并依法公示。

A. 行政强制　　B. 行政许可

C. 行政处罚　　D. 抽查检查结果

2. 建立养老服务综合监管制度由(　　)按职责分工负责，地方各级人民政府负责。

A. 民政部　　B. 发展改革委

C. 人民银行　　D. 市场监管总局

3. 农村敬老院及利用学校、厂房、商业场所等举办的符合消防安全要求的养老机构，因未办理(　　)等手续问题未能通过消防审验的，2019 年 12 月底前，由省级民政部门提请省级人民政府组织有关部门集中研究处置。

A. 房屋登记　　B. 商铺登记

C. 不动产登记　　D. 土地规划

4. 支持养老机构规模化、连锁化发展由(　　)按职责分工负责，地方各级人民政府负责。

A. 市场监管总局　　B. 知识产权局

C. 民政部　　D. 发展改革委

5. 切实解决养老服务机构融资过程中有关金融机构违规收取(　　)等问题，减少融资附加费用，降低融资成本。

A. 手续费　　B. 评估费

C. 承诺费　　D. 资金管理费

6. 全面落实外资举办养老服务机构国民待遇。境外资本在内地通过(　　)等方式参与发展养老服务，同等享受境内资本待遇。

A. 国建民营　　B. 公建民营

C. 政府购买服务　　D. 政府和社会资本合作

7. 鼓励各类院校特别是职业院校（含技工学校）设置养老服务相关专业或开设相关课程，在普通高校开设(　　)等相关专业。推进职业院校（含技工学校）养老服务实训基地建设。

A. 健康服务与管理　　B. 国学与养生

C. 中医养生学　　D. 中医康复学

8. 结合政府购买基层公共管理和社会服务，在基层特别是街道（乡镇）、社区（村）开发一批为老服务岗位，优先吸纳(　　)就业。

A. 就业困难人员　　B. 建档立卡贫困人口

C. 下岗失业人口　　D. 高校毕业生

9. 开展养老护理员关爱活动，加强对养老护理员先进事迹与奉献精神的社会宣传，让养老护理员的(　　)在全社会得到尊重。

A. 集体价值　　B. 劳动创造

C. 社会价值　　D. 服务成果

10. 支持商业保险机构在地级以上城市开展老年人住房反向抵押养老保险业务，在(　　)等机构设立绿色通道，简化办事程序，提升服务效率。

A. 房地产交易　　B. 房屋登记

C. 抵押登记　　D. 公证

11. 支持银行、信托等金融机构开发养老型理财产品、信托产品等养老金融产品，依法适当放宽对符合信贷条件的老年人申请贷款的年龄限制，提升老年人金融服务的(　　)。

A. 可得性　　B. 满意度

C. 获得性　　D. 价值性

12. 将失能老年人家庭成员照护培训纳入政府购买养老服务目录，组织(　　)等开展养老照护、应急救护知识和技能培训。

A. 养老机构　　B. 社会组织

C. 社工机构　　D. 红十字会

13. 大力发展(　　)的农村幸福院等互助养老设施。

A. 政府扶得起　　B. 村里办得起

C. 农民用得上　　D. 服务可持续

14. 扩大养老服务综合责任保险覆盖范围，鼓励居家社区养老服务机构投保(　　)。

A. 雇主责任险　　B. 社会责任险

C. 养老责任险　　D. 服务责任险

15. 建立健全定期巡访(　　)老年人工作机制，积极防范和及时发现意外风险。推广“养老服务顾问”模式，发挥供需对接、服务引导等作用。

A. 独居　　B. 空巢

C. 留守　　D. 孤寡

16. 积极组织老年人开展有益身心健康的活动。重视珍惜老年人的知识、技能、经验和优良品德，发挥老年人的专长和作用，鼓励其在(　　)的情况下，从事传播文化和科技知识、参与科技开发和应用、兴办社会公益事业等社会活动。

A. 自愿　　B. 量力

C. 允许　　D. 认可

17. 国务院建立由民政部牵头的养老服务部际联席会议制度。各地、各有关部门要强化工作责任落实，健全(　　)的养老服务工作机制，加强中央和地方工作衔接。主要负责同志要亲自过问，分管负责同志要抓好落实。

A. 党委领导　　B. 政府主导

C. 部门负责　　D. 社会参与

（四）填空题

1. 健全“双随机、一公开”工作机制，加大对违规行为的查处惩戒力度，坚持最____的标准、最____的监管、最____的处罚、最____的问责。
2. 充分发挥公办养老机构及____养老机构兜底保障作用，在满足当前和今后一个时期特困人员集中供养需求的前提下，重点为经济困难失能（含失智，下同）老年人、计划生育特殊家庭老年人提供无偿或低收费托养服务。
3. 各地要结合实际推行养老服务行业消防安全标准化管理，注重分类引导，明确养老机构建筑耐火等级、楼层设置和平面布置、防火分隔措施、安全疏散和避难设计、建筑消防设施、消防管理机构和人员、微型消防站建设等配置要求，推动养老机构落实消防安全主体责任，开展隐患____，提升自我管理水平。
4. 落实各项行政事业性收费减免政策，落实养老服务机构用电、用水、用气、用热享受____政策。
5. 支持养老机构规模化、____发展。
6. 集中清理废除在养老服务机构公建民营、养老设施招投标、政府购买养老服务中涉及____、排斥营利性养老服务机构参与竞争等妨碍统一市场和公平竞争的各种规定和做法。
7. 畅通____传导机制，综合运用多种工具，抓好支小再贷款等政策落实。
8. 鼓励商业银行探索向____的民办养老机构发放资产（设施）抵押贷款和应收账款质押贷款。
9. 允许以建设用地使用权抵押担保方式为债券提供____。
10. 将养老康复产品服务纳入中国国际进口博览会招展范围，探索设立____展区。
11. 加强从事养老服务的建档立卡贫困人口职业技能培训和就业指导服务，引导其在养老服务机构就业，吸纳建档立卡贫困人口就业的养老服务机构按规定享受创业就业税收优惠、____等支持政策。
12. 组织开展国家养老护理员技能大赛，对获奖选手按规定授予“____”荣誉称号，并晋升相应职业技能等级。

13. 支持老年人投保____，鼓励保险公司合理设计产品，科学厘定费率。
14. 出台老年人康复辅助器具配置、租赁、回收和融资租赁办法，推进在养老机构、城乡社区设立____配置服务（租赁）站点。
15. 开展系统的营养均衡配餐研究，开发适合老年人群营养健康需求的饮食产品，逐步改善老年人群____。
16. 对养老机构为弥补设施建设资金不足，通过销售____性质“会员卡”等形式进行营销的，按照包容审慎监管原则，明确限制性条件，采取商业银行第三方存管方式确保资金管理使用安全。
17. 促进现有医疗卫生机构和养老机构合作，发挥互补优势，简化医养结合机构设立流程，实行“____”办理。
18. 探索“____ + 养老服务”模式，支持物业服务企业开展老年供餐、定期巡访等形式多样的养老服务。
19. 在全国建设一批“____”，推广物联网和远程智能安防监控技术，实现24 小时安全自动值守，降低老年人意外风险，改善服务体验。

（五）简答题

1. 简述深化放管服改革的主要内容。
2. 简述关于促进养老服务高质量发展的主要内容。
3. 简述“养老服务机构”的范围。
4. 简述促进养老服务基础设施建设的主要内容。

参考答案

（一）判断题

1. √，解析：《国务院办公厅关于推进养老服务发展的意见》。
2. √，解析：《国务院办公厅关于推进养老服务发展的意见》。
3. √，解析：《国务院办公厅关于推进养老服务发展的意见》第 1 条。
5. √，解析：《国务院办公厅关于推进养老服务发展的意见》第 2 条。
6. ×，解析：《国务院办公厅关于推进养老服务发展的意见》第 2 条规定，探索具备条件的公办养老机构改制为国有养老服务企业。

7. ×，解析：《国务院办公厅关于推进养老服务发展的意见》第 2 条规定，公建民营养老机构运营方应定期向委托部门报告机构资产情况、运营情况，及时报告突发重大情况。
8. ×，解析：《国务院办公厅关于推进养老服务发展的意见》第 4 条规定，落实各项行政事业性收费减免政策，落实养老服务机构用电、用水、用气、用热享受居民价格政策，不得以土地、房屋性质等为理由拒绝执行相关价格政策。
9. ×，解析：《国务院办公厅关于推进养老服务发展的意见》第 5 条规定，将养老服务纳入政府购买服务指导性目录，全面梳理现行由财政支出安排的各类养老服务项目，以省为单位制定政府购买养老服务标准，重点购买生活照料、康复护理、机构运营、社会工作和人员培养等服务。
10. ×，解析：《国务院办公厅关于推进养老服务发展的意见》第 6 条规定，对已经在其他地方取得营业执照的企业，不得要求其在本地开展经营活动时必须设立子公司。
11. √，解析：《国务院办公厅关于推进养老服务发展的意见》第 8 条。
12. ×，解析：《国务院办公厅关于推进养老服务发展的意见》第 9 条规定，鼓励企业发行可续期债券，用于养老机构等投资回收期较长的项目建设。
13. √，解析：《国务院办公厅关于推进养老服务发展的意见》第 13 条。
14. √，解析：《国务院办公厅关于推进养老服务发展的意见》第 14 条。
15. ×，解析：《国务院办公厅关于推进养老服务发展的意见》第 27 条规定，对存在配套养老服务设施缓建、缩建、停建、不建和建而不交等问题的，在整改到位之前建设单位不得组织竣工验收。

（二）单项选择题

1. C，解析：《国务院办公厅关于推进养老服务发展的意见》第 1 条规定，市场监管部门要将企业登记基本信息共享至省级共享平台或省级部门间数据接口；民政部门要及时下载养老机构相关信息，加强指导和事中事后监管。
2. A，解析：《国务院办公厅关于推进养老服务发展的意见》规定，深化放管服改革包括以下 7 个方面：（1）建立养老服务综合监管制度；（2）继续深化公办养老机构改革；（3）解决养老机构消防审验问题；（4）减轻养老服务税费负担；（5）提升政府投入精准化水平；（6）支持养老机构规模化、连锁化发展；（7）做好养老服务领域信息公开和政策指引。
3. A，解析：《国务院办公厅关于推进养老服务发展的意见》第 4 条规定，聚焦减税降费，养老服务机构符合现行政策规定条件的，可享受小微企业等财税优惠政策。

4. D，解析：《国务院办公厅关于推进养老服务发展的意见》第5条规定，民政部本级和地方各级政府用于社会福利事业的彩票公益金，要加大倾斜力度，到2022年要将不低于55%的资金用于支持发展养老服务。
5. B，解析：《国务院办公厅关于推进养老服务发展的意见》第5条规定，接收经济困难的高龄失能老年人的养老机构，不区分经营性质按上述老年人数量同等享受运营补贴，入住的上述老年人按规定享受养老服务补贴。
6. C，解析：《国务院办公厅关于推进养老服务发展的意见》第6条规定，非营利性养老机构可在其登记管理机关管辖区域内设立多个不具备法人资格的服务网点。
7. C，解析：《国务院办公厅关于推进养老服务发展的意见》第8条规定，畅通货币信贷政策传导机制，综合运用多种工具，抓好支小再贷款等政策落实。对符合授信条件但暂时遇到经营困难的民办养老机构，要继续予以资金支持。
8. B，解析：《国务院办公厅关于推进养老服务发展的意见》第8条规定，支持商业保险机构举办养老服务机构或参与养老服务机构的建设和运营，适度拓宽保险资金投资建设养老项目资金来源。
9. C，解析：《国务院办公厅关于推进养老服务发展的意见》第9条规定，对于项目建成后有稳定现金流的养老服务项目，允许以项目未来收益权为债券发行提供质押担保。
10. A，解析：《国务院办公厅关于推进养老服务发展的意见》第12条规定，对符合小微企业标准的养老服务机构新招用毕业年度高校毕业生，签订1年以上劳动合同并缴纳社会保险费的，按规定给予社会保险补贴。
11. D，解析：《国务院办公厅关于推进养老服务发展的意见》第14条规定，完善全国统一的老年人能力评估标准，通过政府购买服务等方式，统一开展老年人能力综合评估，考虑失能、失智、残疾等状况，评估结果作为领取老年人补贴、接受基本养老服务的依据。
12. B，解析：《国务院办公厅关于推进养老服务发展的意见》第15条规定，扩大养老目标基金管理规模，稳妥推进养老目标证券投资基金注册，可以设置优惠的基金费率，通过差异化费率安排，鼓励投资人长期持有养老目标基金。
13. A，解析：《国务院办公厅关于推进养老服务发展的意见》第17条规定，加强老年人消费权益保护和养老服务领域非法集资整治工作。加大联合执法力度，组织开展对老年人产品和服务消费领域侵权行为的专项整治行动。严厉查处向老年人欺诈销售各类产品和服务的违法行为。

14. B，解析：《国务院办公厅关于推进养老服务发展的意见》第 18 条规定，具备法人资格的医疗机构可通过变更登记事项或经营范围开展养老服务。
15. C，解析：《国务院办公厅关于推进养老服务发展的意见》第 18 条规定，有条件的地区可支持家庭医生出诊为老年人服务。鼓励医护人员到医养结合机构执业，并在职称评定等方面享受同等待遇。
16. D，解析：《国务院办公厅关于推进养老服务发展的意见》第 19 条规定，打造“三社联动”机制，以社区为平台、养老服务类社会组织为载体、社会工作者为支撑，大力支持志愿养老服务，积极探索互助养老服务。

（三）多项选择题

1. BCD，解析：《国务院办公厅关于推进养老服务发展的意见》第 1 条规定，养老服务机构行政许可、行政处罚、抽查检查结果等信息按经营性质分别通过全国信用信息共享平台、国家企业信用信息公示系统记于其名下并依法公示。
2. ABCD，解析：《国务院办公厅关于推进养老服务发展的意见》第 1 条规定，建立养老服务综合监管制度由民政部、发展改革委、人民银行、市场监管总局按职责分工负责，地方各级人民政府负责。
3. CD，解析：《国务院办公厅关于推进养老服务发展的意见》第 3 条规定，农村敬老院及利用学校、厂房、商业场所等举办的符合消防安全要求的养老机构，因未办理不动产登记、土地规划等手续问题未能通过消防审验的，2019 年 12 月底前，由省级民政部门提请省级人民政府组织有关部门集中研究处置。
4. ABCD，解析：《国务院办公厅关于推进养老服务发展的意见》第 6 条规定，支持养老机构规模化、连锁化发展由市场监管总局、知识产权局、民政部、发展改革委按职责分工负责，地方各级人民政府负责。
5. ABCD，解析：《国务院办公厅关于推进养老服务发展的意见》第 8 条规定，推动解决养老服务机构融资问题，要切实解决养老服务机构融资过程中有关金融机构违规收取手续费、评估费、承诺费、资金管理费等问题，减少融资附加费用，降低融资成本。
6. BCD，解析：《国务院办公厅关于推进养老服务发展的意见》第 10 条规定，全面落实外资举办养老服务机构国民待遇。境外资本在内地通过公建民营、政府购买服务、政府和社会资本合作等方式参与发展养老服务，同等享受境内资本待遇。

7. ACD，解析：《国务院办公厅关于推进养老服务发展的意见》第 11 条规定，鼓励各类院校特别是职业院校（含技工学校）设置养老服务相关专业或开设相关课程，在普通高校开设健康服务与管理、中医养生学、中医康复学等相关专业。推进职业院校（含技工学校）养老服务实训基地建设。
8. ABD，解析：《国务院办公厅关于推进养老服务发展的意见》第 12 条规定，结合政府购买基层公共管理和社会服务，在基层特别是街道（乡镇）、社区（村）开发一批为老服务岗位，优先吸纳就业困难人员、建档立卡贫困人口和高校毕业生就业。
9. BC，解析：《国务院办公厅关于推进养老服务发展的意见》第 13 条规定，开展养老护理员关爱活动，加强对养老护理员先进事迹与奉献精神的社会宣传，让养老护理员的劳动创造和社会价值在全社会得到尊重。
10. ACD，解析：《国务院办公厅关于推进养老服务发展的意见》第 15 条规定，支持商业保险机构在地级以上城市开展老年人住房反向抵押养老保险业务，在房地产交易、抵押登记、公证等机构设立绿色通道，简化办事程序，提升服务效率。
11. AB，解析：《国务院办公厅关于推进养老服务发展的意见》第 15 条规定，支持银行、信托等金融机构开发养老型理财产品、信托产品等养老金融产品，依法适当放宽对符合信贷条件的老年人申请贷款的年龄限制，提升老年人金融服务的可得性和满意度。
12. ABCD，解析：《国务院办公厅关于推进养老服务发展的意见》第 19 条规定，将失能老年人家庭成员照护培训纳入政府购买养老服务目录，组织养老机构、社会组织、社工机构、红十字会等开展养老照护、应急救护知识和技能培训。
13. ABCD，解析：《国务院办公厅关于推进养老服务发展的意见》第 19 条规定，大力发展政府扶得起、村里办得起、农民用得上、服务可持续的农村幸福院等互助养老设施。
14. AC，解析：《国务院办公厅关于推进养老服务发展的意见》第 20 条规定，扩大养老服务综合责任保险覆盖范围，鼓励居家社区养老服务机构投保雇主责任险和养老责任险。

15. ABC，解析：《国务院办公厅关于推进养老服务发展的意见》第22条规定，建立健全定期巡访独居、空巢、留守老年人工作机制，积极防范和及时发现意外风险。推广“养老服务顾问”模式，发挥供需对接、服务引导等作用。
16. AB，解析：《国务院办公厅关于推进养老服务发展的意见》第22条规定，积极组织老年人开展有益身心健康的活动。重视珍惜老年人的知识、技能、经验和优良品德，发挥老年人的专长和作用，鼓励其在自愿和量力的情况下，从事传播文化和科技知识、参与科技开发和应用、兴办社会公益事业等社会活动。
17. ABCD，解析：《国务院办公厅关于推进养老服务发展的意见》第28条规定，国务院建立由民政部牵头的养老服务部际联席会议制度。各地、各有关部门要强化工作责任落实，健全党委领导、政府主导、部门负责、社会参与的养老服务工作机制，加强中央和地方工作衔接。主要负责同志要亲自过问，分管负责同志要抓好落实。

（四）填空题

1. 严谨；严格；严厉；严肃。（《国务院办公厅关于推进养老服务发展的意见》第1条）
2. 公建民营。（《国务院办公厅关于推进养老服务发展的意见》第2条）
3. 自查自改。（《国务院办公厅关于推进养老服务发展的意见》第3条）
4. 居民价格。（《国务院办公厅关于推进养老服务发展的意见》第4条）
5. 连锁化。（《国务院办公厅关于推进养老服务发展的意见》第6条）
6. 地方保护。（《国务院办公厅关于推进养老服务发展的意见》第7条）
7. 货币信贷政策。（《国务院办公厅关于推进养老服务发展的意见》第8条）
8. 产权明晰。（《国务院办公厅关于推进养老服务发展的意见》第8条）
9. 增信。（《国务院办公厅关于推进养老服务发展的意见》第9条）
10. 养老、康复。（《国务院办公厅关于推进养老服务发展的意见》第10条）
11. 职业培训补贴。（《国务院办公厅关于推进养老服务发展的意见》第12条）
12. 全国技术能手。（《国务院办公厅关于推进养老服务发展的意见》第13条）
13. 意外伤害保险。（《国务院办公厅关于推进养老服务发展的意见》第15条）
14. 康复辅助器具。（《国务院办公厅关于推进养老服务发展的意见》第16条）
15. 饮食结构。（《国务院办公厅关于推进养老服务发展的意见》第16条）
16. 预付费。（《国务院办公厅关于推进养老服务发展的意见》第17条）

17. 一个窗口。(《国务院办公厅关于推进养老服务发展的意见》第 18 条)
18. 物业服务。(《国务院办公厅关于推进养老服务发展的意见》第 19 条)
19. 智慧养老院。(《国务院办公厅关于推进养老服务发展的意见》第 21 条)

(五)简答题

1. 答:《国务院办公厅关于推进养老服务发展的意见》规定,深化放管服改革包含以下 7 个方面:(1)建立养老服务综合监管制度;(2)继续深化公办养老机构改革;(3)解决养老机构消防审验问题;(4)减轻养老服务税费负担;(5)提升政府投入精准化水平;(6)支持养老机构规模化、连锁化发展;(7)做好养老服务领域信息公开和政策指引。
2. 答:《国务院办公厅关于推进养老服务发展的意见》规定,促进养老服务高质量发展的主要内容包括:(1)提升医养结合服务能力;(2)推动居家、社区和机构养老融合发展;(3)持续开展养老院服务质量建设专项行动;(4)实施"互联网+养老"行动;(5)完善老年人关爱服务体系;(6)大力发展老年教育。
3. 答:《国务院办公厅关于推进养老服务发展的意见》规定,"养老服务机构"包含养老机构、居家社区养老服务机构,以及经营范围和组织章程中包含养老服务内容的其他企业、事业单位和社会组织。
4. 答:《国务院办公厅关于推进养老服务发展的意见》规定,促进养老服务基础设施建设的主要内容包括:(1)实施特困人员供养服务设施(敬老院)改造提升工程;(2)实施民办养老机构消防安全达标工程;(3)实施老年人居家适老化改造工程;(4)落实养老服务设施分区分级规划建设要求;(5)完善养老服务设施供地政策。

十四、国务院办公厅关于全面放开养老服务市场提升养老服务质量的若干意见

（一）判断题

1. 近年来，我国养老服务业快速发展，产业规模不断扩大，服务体系逐步完善，但仍面临供给结构不尽合理、市场潜力未充分释放、服务质量有待提高等问题。(　　)
2. 完善价格形成机制，要加快建立以市场形成价格为主的养老机构服务收费管理机制。(　　)
3. 提升农村养老服务能力和水平，要依托农村社区综合服务设施，拓展养老服务功能。(　　)

（二）单项选择题

1. 到(　　)年，养老服务市场全面放开，养老服务和产品有效供给能力大幅提升，供给结构更加合理，养老服务政策法规体系、行业质量标准体系进一步完善，信用体系基本建立，市场监管机制有效运行，服务质量明显改善，群众满意度显著提高，养老服务业成为促进经济社会发展的新动能。

A. 2019　　B. 2021

C. 2020　　D. 2022

2. 发挥规划引领作用，分级制定养老服务相关规划，与城乡规划、土地利用总体规划、城镇化规划、区域规划等相衔接，系统提升服务能力和水平。各地要进一步扩大面向居家社区、农村、失能半失能老年人的服务资源，结合实际提出养老床位结构的合理比例，到 2020 年护理型床位占当地养老床位总数的比例应(　　)。

A. 不低于 20%　　B. 不低于 10%

C. 不低于50%

D. 不低于30%

3. 加快公办养老机构改革。各地要因地制宜设置改革过渡期，加快推进具备向社会提供养老服务条件的公办养老机构转制成为企业或开展公建民营，到2020年政府运营的养老床位数占当地养老床位总数的比例应不超过(　　)。

A. 40%

B. 50%

C. 30%

D. 20%

(三) 多项选择题

1. 鼓励社会力量通过(　　)、参股、租赁等方式，参与公办养老机构改革。完善公建民营养老机构管理办法，政府投资建设和购置的养老设施、新建居民区按规定配建并移交给民政部门的养老设施、国有单位培训疗养机构等改建的养老设施，均可实施公建民营。改革公办养老机构运营方式，鼓励实行服务外包。

A. 独资

B. 合资

C. 合作

D. 联营

2. 依托社区服务中心（站）、社区日间照料中心、卫生服务中心等资源，为老年人提供(　　)等服务。鼓励建设小型社区养老院，满足老年人就近养老需求，方便亲属照护探视。

A. 健康

B. 文化

C. 体育

D. 法律援助

3. 拓宽投融资渠道。鼓励社会资本采取建立基金、发行企业债券等方式筹集资金，用于建设养老设施、购置设备和收购改造社会闲置资源等。鼓励银行业金融机构以养老服务机构有偿取得的土地使用权、产权明晰的房产等固定资产和(　　)等抵质押，提供信贷支持，满足养老服务机构多样化融资需求。有条件的地方在风险可控、不改变养老机构性质和用途的前提下，可探索养老服务机构其他资产抵押贷款的可行模式。

A. 应收账款

B. 动产

C. 知识产权

D. 股权

（四）填空题

1. 降低____。设立____，应按“先照后证”的简化程序执行，在工商行政管理部门办理登记后，在辖区县级以上人民政府民政部门申请设立许可。在民政部门登记的非营利性养老机构，可以依法在其登记管理机关管辖范围内设立多个不具备法人资格的____。非本地投资者举办养老服务项目与当地投资者享受____，当地不得以任何名目对此加以限制。
2. 依托农村社区综合服务设施，拓展____。鼓励各地建设农村幸福院等____养老服务设施，加强与农村危房改造等涉农基本住房保障政策的衔接。农村集体经济、农村土地流转等收益分配应充分考虑解决本村老年人的养老问题。加强____建设和改造，推动服务设施达标，满足农村特困人员集中供养需求，为农村低收入老年人和失能、半失能老年人提供便捷可及的养老服务。
3. 鼓励____、____、志愿服务者加强对农村留守、困难、鳏寡、独居老年人的关爱保护和心理疏导、咨询等服务。充分依托农村基层党组织、自治组织和社会组织等，开展基层联络人登记，建立应急处置和评估帮扶机制，关注老年人的____等问题。
4. 通过政府补贴、产业引导和____等方式，加快推进老旧居住小区和老年人家庭的无障碍改造，重点做好居住区缘石坡道、轮椅坡道、公共出入口、走道、楼梯、电梯候梯厅及轿厢等设施和部位的无障碍改造，优先安排贫困、高龄、失能等老年人____，组织开展多层老旧住宅电梯加装。

（五）简答题

1. 简述如何推进“互联网＋”养老服务创新。
2. 简述建立医养结合绿色通道的措施。
3. 简述《国务院办公厅关于全面放开养老服务市场提升养老服务质量的若干意见》中有关加强服务监管的内容。

参考答案

（一）判断题

1. √，解析：《国务院办公厅关于全面放开养老服务市场提升养老服务质量的若干意见》。
2. √，解析：《国务院办公厅关于全面放开养老服务市场提升养老服务质量的若干意见》第5条。
3. ×，解析：《国务院办公厅关于全面放开养老服务市场提升养老服务质量的若干意见》第7条规定："提升农村养老服务能力和水平。依托农村社区综合服务设施，拓展养老服务功能。鼓励各地建设农村幸福院等自助式、互助式养老服务设施，加强与农村危房改造等涉农基本住房保障政策的衔接。农村集体经济、农村土地流转等收益分配应充分考虑解决本村老年人的养老问题。加强农村敬老院建设和改造，推动服务设施达标，满足农村特困人员集中供养需求，为农村低收入老年人和失能、半失能老年人提供便捷可及的养老服务。鼓励专业社会工作者、社区工作者、志愿服务者加强对农村留守、困难、鳏寡、独居老年人的关爱保护和心理疏导、咨询等服务。充分依托农村基层党组织、自治组织和社会组织等，开展基层联络人登记，建立应急处置和评估帮扶机制，关注老年人的心理、安全等问题。"

（二）单项选择题

1. C，解析：《国务院办公厅关于全面放开养老服务市场提升养老服务质量的若干意见》第3条规定："到2020年，养老服务市场全面放开，养老服务和产品有效供给能力大幅提升，供给结构更加合理，养老服务政策法规体系、行业质量标准体系进一步完善，信用体系基本建立，市场监管机制有效运行，服务质量明显改善，群众满意度显著提高，养老服务业成为促进经济社会发展的新动能。"
2. D，解析：《国务院办公厅关于全面放开养老服务市场提升养老服务质量的若干意见》第13条规定："发挥规划引领作用，分级制定养老服务相关规划，与城乡规划、土地利用总体规划、城镇化规划、区域规划等相衔接，系统提升服务能力和水平。各地要进一步扩大面向居家社区、农村、失能半失能老年人的服务资源，结合实际提出养老床位结构的合理比例，到2020年护理型床位占当地养老床位总数的比例应不低于30%。"

3. B，解析：《国务院办公厅关于全面放开养老服务市场提升养老服务质量的若干意见》第5条规定："加快公办养老机构改革。各地要因地制宜设置改革过渡期，加快推进具备向社会提供养老服务条件的公办养老机构转制成为企业或开展公建民营，到2020年政府运营的养老床位数占当地养老床位总数的比例应不超过50%。"

（三）多项选择题

1. ABCD，解析：《国务院办公厅关于全面放开养老服务市场提升养老服务质量的若干意见》第5条规定："加快公办养老机构改革。各地要因地制宜设置改革过渡期，加快推进具备向社会提供养老服务条件的公办养老机构转制成为企业或开展公建民营，到2020年政府运营的养老床位数占当地养老床位总数的比例应不超过50%。鼓励社会力量通过独资、合资、合作、联营、参股、租赁等方式，参与公办养老机构改革。完善公建民营养老机构管理办法，政府投资建设和购置的养老设施、新建居民区按规定配建并移交给民政部门的养老设施、国有单位培训疗养机构等改建的养老设施，均可实施公建民营。改革公办养老机构运营方式，鼓励实行服务外包。"
2. ABCD，解析：《国务院办公厅关于全面放开养老服务市场提升养老服务质量的若干意见》第6条规定："开展老年人养老需求评估，加快建设社区综合服务信息平台，对接供求信息，提供助餐、助洁、助行、助浴、助医等上门服务，提升居家养老服务覆盖率和服务水平。依托社区服务中心（站）、社区日间照料中心、卫生服务中心等资源，为老年人提供健康、文化、体育、法律援助等服务。鼓励建设小型社区养老院，满足老年人就近养老需求，方便亲属照护探视。"
3. ABCD，解析：《国务院办公厅关于全面放开养老服务市场提升养老服务质量的若干意见》第16条规定："拓宽投融资渠道。鼓励社会资本采取建立基金、发行企业债券等方式筹集资金，用于建设养老设施、购置设备和收购改造社会闲置资源等。鼓励银行业金融机构以养老服务机构有偿取得的土地使用权、产权明晰的房产等固定资产和应收账款、动产、知识产权、股权等抵质押，提供信贷支持，满足养老服务机构多样化融资需求。有条件的地方在风险可控、不改变养老机构性质和用途的前提下，可探索养老服务机构其他资产抵押贷款的可行模式。"

（四）填空题

1. 准入门槛；营利性养老机构；服务网点；同等政策待遇。（《国务院办公厅关

于全面放开养老服务市场提升养老服务质量的若干意见》第4条）

2. 养老服务功能；自助式、互助式；农村敬老院。（《国务院办公厅关于全面放开养老服务市场提升养老服务质量的若干意见》第7条）
3. 专业社会工作者；社区工作者；心理、安全。（《国务院办公厅关于全面放开养老服务市场提升养老服务质量的若干意见》第7条）
4. 业主众筹；家庭设施改造。（《国务院办公厅关于全面放开养老服务市场提升养老服务质量的若干意见》第8条）

（五）简答题

1. 答：《国务院办公厅关于全面放开养老服务市场提升养老服务质量的若干意见》第9条规定："发展智慧养老服务新业态，开发和运用智能硬件，推动移动互联网、云计算、物联网、大数据等与养老服务业结合，创新居家养老服务模式，重点推进老年人健康管理、紧急救援、精神慰藉、服务预约、物品代购等服务，开发更加多元、精准的私人订制服务。支持适合老年人的智能化产品、健康监测可穿戴设备、健康养老移动应用软件（APP）等设计开发。打通养老服务信息共享渠道，推进社区综合服务信息平台与户籍、医疗、社会保障等信息资源对接，促进养老服务公共信息资源向各类养老服务机构开放。"
2. 答：《国务院办公厅关于全面放开养老服务市场提升养老服务质量的若干意见》第10条规定："建立医疗卫生机构设置审批绿色通道，支持养老机构开办老年病院、康复院、医务室等医疗卫生机构，将符合条件的养老机构内设医疗卫生机构按规定纳入城乡基本医疗保险定点范围。鼓励符合条件的执业医师到养老机构、社区老年照料机构内设的医疗卫生机构多点执业。开通预约就诊绿色通道，推进养老服务机构、社区老年照料机构与医疗机构对接，为老年人提供便捷医疗服务。提升医保经办服务能力，切实解决老年人异地就医直接结算问题。探索建立长期护理保险制度，形成多元化的保险筹资模式，推动解决失能人员基本生活照料和相关医疗护理等所需费用问题。"
3. 答：《国务院办公厅关于全面放开养老服务市场提升养老服务质量的若干意见》第17条规定："各地要建立健全民政部门和相关部门协同配合的监管机制，加强对养老机构运营和服务的监管。严禁以举办养老机构名义从事房地产开发，严禁利用养老机构的房屋、场地、设施开展与养老服务无关的活动，严禁改变机构的养老服务性质。做好养老服务领域非法集资信息监测和分析工作，做好政策宣传和风险提示工作。对养老服务中虐老欺老等行为，对养老机构在收取保证金、办理会员卡和发行金融产品等活动中的违法违规行为，要依法严厉查处。加强养老设施和服务安全管理，建立定期检查机制，确保老年人人身安全。”

十五、住房和城乡建设部等部门关于推动物业服务企业发展居家社区养老服务的意见

（一）判断题

1. 补齐居家社区养老服务设施短板，要盘活小区既有公共房屋和设施。清理整合居住小区内各类闲置和低效使用的公共房屋和设施，经业主共同决策同意，可交由物业服务企业统一改造用于居家社区养老服务。（　　）
2. 新建居住小区应落实居家社区养老服务设施规划建设要求，按照相关政策和标准配套建设居家社区养老服务设施，并与住宅同步规划、同步建设、同步验收、同步交付使用。（　　）
3. 物业服务企业开展居家社区养老服务，应当内设居家社区养老服务部门，专门提供助餐、助浴、助洁、助急、助行、助医、照料看护等定制养老服务，并按国家有关规定，建立健全财务会计制度，对社区养老服务的营业收支实行单独核算。（　　）

（二）单项选择题

关于《住房和城乡建设部等部门关于推动物业服务企业发展居家社区养老服务的意见》，下列说法错误的是：（　　）

A. 发展社区助老志愿服务。鼓励物业服务企业加强与社区居民委员会、业主委员会的沟通合作，共同健全社区动员和参与机制，开展社区居民结对帮扶老年人志愿服务活动，以及敬老助老孝老主题教育和代际沟通活动，加强对老年人的精神关爱服务，为老年人参与社区生活搭建平台

B. 促进养老产业联动发展。支持物业服务企业在提供居家社区养老服务中，加强与专业养老机构信息和业务联通，开展技术交流、人员培训、资源

共享和客户转介等方面的合作，推进居家、社区、机构养老融合发展，积极构建全方位、多层次、立体化的养老服务体系

C. 支持开展老年人营养服务和健康促进。鼓励物业服务企业因地制宜地开办小区老年餐桌，提供送餐上门服务。鼓励开办社区课堂，开展老年人思想道德、科学文化、养生保健、心理健康、法律法规、家庭理财、闲暇生活、代际沟通、生命尊严等方面教育，加强对老年人及其家属的营养和照护知识培训，指导老年人开展科学的体育健身活动，搭建老年文化活动平台。支持设置老年人康复辅助器具配置、租赁站点，满足老年人相应康复需求

D. 组建专业化养老服务队伍。鼓励开展居家社区养老服务的物业服务企业建立养老服务专业人员队伍，加强岗前培训及定期培训。协调职业院校、培训机构为物业服务企业培养养老护理、康复、社会工作、心理咨询等专业人员提供人力资源支持。按规定落实养老服务从业人员培训费补贴、职业技能鉴定补贴等政策。不能将符合条件的养老服务从业人员纳入公租房或政策性租赁住房保障范围

（三）多项选择题

1. 建设智慧养老信息平台。鼓励物业服务企业对接智慧城市和智慧社区数据系统，建设智慧养老信息平台，将社区老年人（　　）等数据信息纳入统一的数据平台管理；开辟家政预约、购物购药、健康管理、就医挂号、绿色转诊等多项网上服务功能，提升居家社区养老服务智能化水平。

A. 生活情况　　B. 健康状态

C. 养老需求　　D. 就医诊疗

2. 丰富智慧养老服务形式。鼓励物业服务企业参与开发居家社区养老服务智能终端、应用程序等，拓展远程提醒和控制、自动报警和处置、动态监测和记录等功能。以（　　）老年人为重点，建立呼叫服务系统和应急救援服务机制。支持打造‘互联网 + 养老’模式，整合线上线下资源，精准对接助餐、助浴、助洁、助行、助医等需求与供给，为老年人提供‘点菜式’便捷养老服务。

A. 失能　　B. 独居

C. 空巢　　D. 健康

（四）填空题

1. 保障新建居住小区____达标。新建居住小区应落实居家社区养老服务设施规划建设要求，按照相关政策和标准配套建设居家社区养老服务设施，并与住宅____、同步建设、同步验收、同步交付使用。对缓建、缩建、停建、不建养老服务设施的项目，在整改到位之前不得组织竣工验收。
2. 加强居家社区养老服务设施布点和综合利用。按照____的原则，完善居家社区养老服务设施布点。在老年人较多的若干相邻小区，集中建设老年服务中心，可交由物业服务企业为老年人提供全托、日托、上门、餐饮、文体、健身等方面的服务，提高养老设施使用效率。因地制宜多点布局小型养老服务点，作为居家社区养老服务中心的有效补充，方便小区老年人就地就近接受服务。
3. 推进居家社区____。支持物业服务企业根据老年人日常生活和社会交往需要，进行增设____等设施适老化改造，以及提供地面防滑、加装扶手、消除地面高差等居家社区适老化改造。

（五）简答题

1. 简述《住房和城乡建设部等部门关于推动物业服务企业发展居家社区养老服务的意见》中补齐居家社区养老服务设施短板的内容。
2. 简述《住房和城乡建设部等部门关于推动物业服务企业发展居家社区养老服务的意见》中完善监督管理和激励扶持措施的内容。

参考答案

（一）判断题

1. √，解析：《住房和城乡建设部等部门关于推动物业服务企业发展居家社区养老服务的意见》第1条。
2. √，解析：《住房和城乡建设部等部门关于推动物业服务企业发展居家社区养老服务的意见》第2条。

3. √，解析：《住房和城乡建设部等部门关于推动物业服务企业发展居家社区养老服务的意见》第5条。

（二）单项选择题

D，解析：《住房和城乡建设部等部门关于推动物业服务企业发展居家社区养老服务的意见》第7条规定："组建专业化养老服务队伍。鼓励开展居家社区养老服务的物业服务企业建立养老服务专业人员队伍，加强岗前培训及定期培训。协调职业院校、培训机构为物业服务企业培养养老护理、康复、社会工作、心理咨询等专业人员提供人力资源支持。按规定落实养老服务从业人员培训费补贴、职业技能鉴定补贴等政策。将符合条件的养老服务从业人员纳入公租房或政策性租赁住房保障范围。"

（三）多项选择题

1. ABCD，解析：《住房和城乡建设部等部门关于推动物业服务企业发展居家社区养老服务的意见》第12条规定："建设智慧养老信息平台。鼓励物业服务企业对接智慧城市和智慧社区数据系统，建设智慧养老信息平台，将社区老年人生活情况、健康状态、养老需求、就医诊疗等数据信息纳入统一的数据平台管理；开辟家政预约、购物购药、健康管理、就医挂号、绿色转诊等多项网上服务功能，提升居家社区养老服务智能化水平。"
2. ABC，解析：《住房和城乡建设部等部门关于推动物业服务企业发展居家社区养老服务的意见》第14条规定："丰富智慧养老服务形式。鼓励物业服务企业参与开发居家社区养老服务智能终端、应用程序等，拓展远程提醒和控制、自动报警和处置、动态监测和记录等功能。以失能、独居、空巢老年人为重点，建立呼叫服务系统和应急救援服务机制。支持打造'互联网＋养老'模式，整合线上线下资源，精准对接助餐、助浴、助洁、助行、助医等需求与供给，为老年人提供'点菜式'便捷养老服务。"

（四）填空题

1. 养老服务设施；同步规划。（《住房和城乡建设部等部门关于推动物业服务企业发展居家社区养老服务的意见》第2条）
2. 集中和分散兼顾、独立和混合使用并重。（《住房和城乡建设部等部门关于推动物业服务企业发展居家社区养老服务的意见》第3条）
3. 适老化改造；无障碍通道、加装电梯。（《住房和城乡建设部等部门关于推动物业服务企业发展居家社区养老服务的意见》第4条）

（五）简答题

1. 答：《住房和城乡建设部等部门关于推动物业服务企业发展居家社区养老服务的意见》规定，补齐居家社区养老服务设施短板的主要内容包括：（1）盘活小区既有公共房屋和设施。（2）保障新建居住小区养老服务设施达标。（3）加强居家社区养老服务设施布点和综合利用。（4）推进居家社区适老化改造。
2. 答：《住房和城乡建设部等部门关于推动物业服务企业发展居家社区养老服务的意见》规定，完善监督管理和激励扶持措施主要包括：（1）加强养老服务监管。（2）规范养老服务收费行为。（3）拓宽养老服务融资渠道。（4）建立协同推进机制。

十六、养老机构管理办法

（一）判断题

1. 县级以上人民政府民政部门负责养老机构的指导、监督和管理。其他有关部门依照职责分工对养老机构实施监督。（　　）
2. 营利性养老机构办理备案，应当在收住老年人后7个工作日以内向服务场所所在地的县级人民政府民政部门提出。非营利性养老机构办理备案，应当在收住老年人后10个工作日以内向登记管理机关同级的人民政府民政部门提出。（　　）
3. 养老机构发现老年人为传染病病人或者疑似传染病病人的，应当及时向附近的疾病预防控制机构或者医疗机构报告，配合实施卫生处理、隔离等预防控制措施。养老机构发现老年人为疑似精神障碍患者的，应当依照精神卫生相关法律法规的规定处理。（　　）
4. 养老机构应当开展适合老年人的文化、教育、体育、娱乐活动，丰富老年人的精神文化生活。养老机构开展文化、教育、体育、娱乐活动时，应当为老年人提供必要的安全防护措施。（　　）

（二）单项选择题

1. 营利性养老机构办理备案，应当在收住老年人后（　　）个工作日以内向服务场所所在地的县级人民政府民政部门提出。非营利性养老机构办理备案，应当在收住老年人后10个工作日以内向登记管理机关同级的人民政府民政部门提出。

   A. 5　　B. 6

   C. 10　　D. 7

2. 为了规范对养老机构的管理，促进养老服务健康发展，根据（　　）和有关法律、行政法规，制定《养老机构管理办法》。

   A. 《中华人民共和国渔业法》

B.《中华人民共和国畜牧法》

C.《中华人民共和国种子法》

D.《中华人民共和国老年人权益保障法》

（三）多项选择题

1. 养老机构应当按照(　　)、特种设备等法律、法规和强制性标准开展服务活动。

A. 建筑　　B. 消防

C. 食品安全　　D. 医疗卫生

2. 关于养老机构，下列说法中正确的是：(　　)

A. 养老机构按照服务协议为老年人提供生活照料、康复护理、精神慰藉、文化娱乐等服务

B. 养老机构不应当为老年人提供饮食、起居、清洁、卫生等生活照料服务

C. 养老机构应当提供符合老年人住宿条件的居住用房，并配备适合老年人安全保护要求的设施、设备及用具，定期对老年人的活动场所和物品进行消毒和清洗

D. 养老机构提供的饮食应当符合食品安全要求、适宜老年人食用、有利于老年人营养平衡、符合民族风俗习惯

3. 民政部门依法履行监督检查职责，可以采取哪些措施？(　　)

A. 向养老机构和个人了解情况

B. 进入涉嫌违法的养老机构进行现场检查

C. 查阅或者复制有关合同、票据、账簿及其他有关资料

D. 发现养老机构存在可能危及人身健康和生命财产安全风险的，责令限期改正，逾期不改正的，责令停业整顿

4. 政府投资兴办的养老机构在满足特困人员集中供养需求的前提下，优先保障经济困难的(　　)等老年人的服务需求。政府投资兴办的养老机构，可以采取委托管理、租赁经营等方式，交由社会力量运营管理。

A. 孤寡　　B. 失能

C. 高龄　　D. 计划生育特殊家庭

5. 养老机构应当为老年人提供(　　)等生活照料服务。养老机构应当提供

符合老年人住宿条件的居住用房，并配备适合老年人安全保护要求的设施、设备及用具，定期对老年人的活动场所和物品进行消毒和清洗。养老机构提供的饮食应当符合食品安全要求、适宜老年人食用、有利于老年人营养平衡、符合民族风俗习惯。

A. 饮食　　B. 起居

C. 清洁　　D. 卫生

6. 养老机构应当与老年人或者其代理人签订服务协议，明确当事人的权利和义务。下列哪些条款是服务协议一般包括的内容？（　　）

A. 老年人或者其代理人和紧急联系人的姓名、住址、身份证明、联系方式

B. 养老机构的名称、住所、法定代表人或者主要负责人、联系方式

C. 暂停或者终止服务时老年人安置方式

D. 照料护理等级和服务内容、服务方式

（四）填空题

1. 已经备案的养老机构变更____或者主要负责人等登记事项，或者变更服务场所权属、____、服务设施面积等事项的，应当及时向原备案民政部门办理变更备案。

2. 养老机构在原备案机关辖区内变更服务场所的，应当及时向原备案民政部门办理变更备案。____跨原备案机关辖区变更服务场所的，应当及时向变更后的服务场所所在地县级人民政府民政部门办理备案。

3. 养老机构应当建立____，对老年人的身心状况进行评估，并根据评估结果确定照料护理等级。老年人身心状况发生变化，需要变更照料护理等级的，养老机构应当____进行评估。养老机构确定或者变更老年人照料护理等级，应当经老年人或者其代理人同意。

4. 养老机构应当为老年人建立____，开展____，做好疾病预防工作。养老机构在老年人突发危重疾病时，应当及时转送医疗机构救治并通知其紧急联系人。

（五）简答题

1. 养老机构应当与老年人或者其代理人签订服务协议，明确当事人的权利

和义务。简述该服务协议一般包括哪些条款。

2. 养老机构有哪些行为之一的，由民政部门责令改正，给予警告；情节严重的，处以3万元以下的罚款？

参考答案

（一）判断题

1. √，解析：《养老机构管理办法》第3条。

2. ×，解析：《养老机构管理办法》第10条规定："营利性养老机构办理备案，应当在收住老年人后10个工作日以内向服务场所所在地的县级人民政府民政部门提出。非营利性养老机构办理备案，应当在收住老年人后10个工作日以内向登记管理机关同级的人民政府民政部门提出。"

3. √，解析：《养老机构管理办法》第20条。

4. √，解析：《养老机构管理办法》第22条。

（二）单项选择题

1. C，解析：《养老机构管理办法》第10条规定："营利性养老机构办理备案，应当在收住老年人后10个工作日以内向服务场所所在地的县级人民政府民政部门提出。非营利性养老机构办理备案，应当在收住老年人后10个工作日以内向登记管理机关同级的人民政府民政部门提出。"

2. D，解析：《养老机构管理办法》第1条规定："为了规范对养老机构的管理，促进养老服务健康发展，根据《中华人民共和国老年人权益保障法》和有关法律、行政法规，制定本办法。"

（三）多项选择题

1. ABCD，解析：《养老机构管理办法》第4条第1款规定："养老机构应当按照建筑、消防、食品安全、医疗卫生、特种设备等法律、法规和强制性标准开展服务活动。"

2. ACD，解析：《养老机构管理办法》第18条规定："养老机构应当为老年人提供饮食、起居、清洁、卫生等生活照料服务。养老机构应当提供符合老年人住宿条件的居住用房，并配备适合老年人安全保护要求的设施、设备及用具，定期对老年人的活动场所和物品进行消毒和清洗。养老机构提供的饮食应当符合食品安全要求、适宜老年人食用、有利于老年人营养平衡、符合民族风俗习惯。"

3. ABCD，解析：《养老机构管理办法》第37条规定："民政部门依法履行监督检查职责，可以采取以下措施：（一）向养老机构和个人了解情况；（二）进入涉嫌违法的养老机构进行现场检查；（三）查阅或者复制有关合同、票据、账簿及其他有关资料；（四）发现养老机构存在可能危及人身健康和生命财产安全风险的，责令限期改正，逾期不改正的，责令停业整顿。"
4. ABCD，解析：《养老机构管理办法》第6条规定："政府投资兴办的养老机构在满足特困人员集中供养需求的前提下，优先保障经济困难的孤寡、失能、高龄、计划生育特殊家庭等老年人的服务需求。政府投资兴办的养老机构，可以采取委托管理、租赁经营等方式，交由社会力量运营管理。"
5. ABCD，解析：《养老机构管理办法》第18条规定："养老机构应当为老年人提供饮食、起居、清洁、卫生等生活照料服务。养老机构应当提供符合老年人住宿条件的居住用房，并配备适合老年人安全保护要求的设施、设备及用具，定期对老年人的活动场所和物品进行消毒和清洗。养老机构提供的饮食应当符合食品安全要求、适宜老年人食用、有利于老年人营养平衡、符合民族风俗习惯。"
6. ABCD，解析：《养老机构管理办法》第16条规定："养老机构应当与老年人或者其代理人签订服务协议，明确当事人的权利和义务。服务协议一般包括下列条款：（一）养老机构的名称、住所、法定代表人或者主要负责人、联系方式；（二）老年人或者其代理人和紧急联系人的姓名、住址、身份证明、联系方式；（三）照料护理等级和服务内容、服务方式；（四）收费标准和费用支付方式；（五）服务期限和场所；（六）协议变更、解除与终止的条件；（七）暂停或者终止服务时老年人安置方式；（八）违约责任和争议解决方式；（九）当事人协商一致的其他内容。"

（四）填空题

1. 名称、法定代表人；养老床位数量。（《养老机构管理办法》第13条第1款）
2. 营利性养老机构。（《养老机构管理办法》第13条第2款）
3. 入院评估制度；重新。（《养老机构管理办法》第15条）
4. 健康档案；日常保健知识宣传。（《养老机构管理办法》第19条）

（五）简答题

1. 答：《养老机构管理办法》第16条规定："养老机构应当与老年人或者其代理人签订服务协议，明确当事人的权利和义务。服务协议一般包括下列条款：（一）养老机构的名称、住所、法定代表人或者主要负责人、联系方式；

（二）老年人或者其代理人和紧急联系人的姓名、住址、身份证明、联系方式；（三）照料护理等级和服务内容、服务方式；（四）收费标准和费用支付方式；（五）服务期限和场所；（六）协议变更、解除与终止的条件；（七）暂停或者终止服务时老年人安置方式；（八）违约责任和争议解决方式；（九）当事人协商一致的其他内容。”

2. 答：《养老机构管理办法》第 46 条规定：“养老机构有下列行为之一的，由民政部门责令改正，给予警告；情节严重的，处以 3 万元以下的罚款：（一）未建立入院评估制度或者未按照规定开展评估活动的；（二）未与老年人或者其代理人签订服务协议，或者未按照协议约定提供服务的；（三）未按照有关强制性国家标准提供服务的；（四）工作人员的资格不符合规定的；（五）利用养老机构的房屋、场地、设施开展与养老服务宗旨无关的活动的；（六）未依照本办法规定预防和处置突发事件的；（七）歧视、侮辱、虐待老年人以及其他侵害老年人人身和财产权益行为的；（八）向负责监督检查的民政部门隐瞒有关情况、提供虚假材料或者拒绝提供反映其活动情况真实材料的；（九）法律、法规、规章规定的其他违法行为。”

十七、全国老龄工作委员会办公室、最高人民法院、中共中央宣传部等关于进一步加强老年人优待工作的意见

（一）判断题

1. 政府投资兴办的养老机构，要在保障“三无”老年人、“五保”老年人服务需求的基础上，优先照顾经济困难的孤寡、失能、高龄老年人。（　　）
2. 金融机构应为老年人办理业务提供便捷服务，设置老年人取款优先窗口，并提供导银服务，对有特殊困难、行动不便的老年人提供特需服务或上门服务。（　　）
3. 公共文化体育部门应对老年人免费开放。（　　）

（二）单项选择题

1. 医疗卫生机构要优先为辖区内 65 周岁以上常住老年人免费建立健康档案，每年至少提供（　　）免费体格检查和健康指导，开展健康管理服务。

A. 1 次　　B. 2 次

C. 3 次　　D. 4 次

2. 城市公共交通工具应为老年人提供票价优惠，鼓励对（　　）周岁以上老年人实行免费，有条件的地方可逐步覆盖全体老年人。

A. 64　　B. 63

C. 65　　D. 67

3. 公共交通工具要设立不低于坐席数（　　）的“老幼病残孕”专座。铁路部门要为列车配备无障碍车厢和座位，对有特殊需要的老年人订票和选座位提供便利服务。

A. 5%　　B. 10%

C. 15%　　　　D. 20%

（三）多项选择题

1. 严格执行（　　）等建设标准，重点做好居住区、城市道路、商业网点、文化体育场馆、旅游景点等场所的无障碍设施建设，优先推进坡道、电梯等与老年人日常生活密切相关的公共设施改造，适当配备老年人出行辅助器具，为老年人提供安全、便利、舒适的生活和出行环境。

A.《中华人民共和国宪法》

B.《无障碍环境建设条例》

C.《社区老年人日间照料中心建设标准》

D.《养老设施建筑设计规范》

2. 优待老年人是全社会的共同责任。（　　），都要履行为老年人提供优待的职责义务，积极为老年人提供优待服务。

A. 国家机关　　　　B. 社会团体

C. 企事业单位　　　　D. 其他组织

3. 关于《全国老龄工作委员会办公室、最高人民法院、中共中央宣传部等关于进一步加强老年人优待工作的意见》，下列说法中正确的是：（　　）

A. 严格执行《无障碍环境建设条例》、《社区老年人日间照料中心建设标准》和《养老设施建筑设计规范》等建设标准，重点做好居住区、城市道路、商业网点、文化体育场馆、旅游景点等场所的无障碍设施建设，优先推进坡道、电梯等与老年人日常生活密切相关的公共设施改造，适当配备老年人出行辅助器具，为老年人提供安全、便利、舒适的生活和出行环境

B. 金融机构应为老年人办理业务提供便捷服务，设置老年人取款优先窗口，并提供导银服务，对有特殊困难、行动不便的老年人提供特需服务或上门服务。鼓励对养老金客户实施减费让利，对异地领取养老金的客户减免手续费。对办理转账、汇款业务或购买金融产品的老年人，应提示相应风险

C. 城市公共交通工具应为老年人提供票价优惠，鼓励对65周岁以上老年人实行免费，有条件的地方可逐步覆盖全体老年人。各地可根据实际

情况制定具体的优惠办法，对落实老年优待任务的公交企业要给予相应经济补偿

D. 公共交通工具要设立不低于坐席数20%的“老幼病残孕”专座。铁路部门要为列车配备无障碍车厢和座位，对有特殊需要的老年人订票和选座位提供便利服务

（四）填空题

1. 政府投资兴办的养老机构，要在保障____、____服务需求的基础上，优先照顾经济困难的孤寡、失能、高龄老年人。
2. 优待的基本对象为____的老年人。各地可____，在本意见基础上合理确定优待对象和优待标准，率先在卫生保健、交通出行、商业服务、文体休闲等方面，对常住本行政区域内的老年人给予____，并根据本地实际情况，逐步拓展同等优待范围。
3. 免除农村老年人兴办公益事业的____。经农村集体经济组织全体成员同意，将未承包的集体所有的部分土地、山林、水面、滩涂等作为养老基地，收益供____，纳入国家和地方湿地保护体系及其自然保护区的重要湿地除外。

（五）简答题

1. 简述《全国老龄工作委员会办公室、最高人民法院、中共中央宣传部等关于进一步加强老年人优待工作的意见》中有关组织实施的内容。
2. 简述《全国老龄工作委员会办公室、最高人民法院、中共中央宣传部等关于进一步加强老年人优待工作的意见》中就进一步加强老年人优待工作提出的基本原则。

参考答案

（一）判断题

1. √，解析：《全国老龄工作委员会办公室、最高人民法院、中共中央宣传部等关于进一步加强老年人优待工作的意见》。

2. √，解析：《全国老龄工作委员会办公室、最高人民法院、中共中央宣传部等关于进一步加强老年人优待工作的意见》。

3. ×，解析：《全国老龄工作委员会办公室、最高人民法院、中共中央宣传部等关于进一步加强老年人优待工作的意见》规定，公共文化体育部门应对老年人优惠开放，免费为老年人提供影视放映、文艺演出、体育赛事、图片展览、科技宣传等公益性流动文化体育服务。

（二）单项选择题

1. A，解析：《全国老龄工作委员会办公室、最高人民法院、中共中央宣传部等关于进一步加强老年人优待工作的意见》规定：“医疗卫生机构要优先为辖区内65周岁以上常住老年人免费建立健康档案，每年至少提供1次免费体格检查和健康指导，开展健康管理服务。定期对老年人进行健康状况评估，及时发现健康风险因素，促进老年疾病早发现、早诊断、早治疗。积极开展老年疾病防控的知识宣传，开展老年慢性病和老年期精神障碍的预防控制工作。为行动不便的老年人提供上门服务。”

2. C，解析：《全国老龄工作委员会办公室、最高人民法院、中共中央宣传部等关于进一步加强老年人优待工作的意见》规定：“城市公共交通工具应为老年人提供票价优惠，鼓励对65周岁以上老年人实行免费，有条件的地方可逐步覆盖全体老年人。各地可根据实际情况制定具体的优惠办法，对落实老年优待任务的公交企业要给予相应经济补偿。”

3. B，解析：《全国老龄工作委员会办公室、最高人民法院、中共中央宣传部等关于进一步加强老年人优待工作的意见》规定：“公共交通工具要设立不低于坐席数10%的‘老幼病残孕’专座。铁路部门要为列车配备无障碍车厢和座位，对有特殊需要的老年人订票和选座位提供便利服务。”

（三）多项选择题

1. BCD，解析：《全国老龄工作委员会办公室、最高人民法院、中共中央宣传部等关于进一步加强老年人优待工作的意见》规定：“严格执行《无障碍环境建设条例》、《社区老年人日间照料中心建设标准》和《养老设施建筑设计规范》等建设标准，重点做好居住区、城市道路、商业网点、文化体育场馆、旅游景点等场所的无障碍设施建设，优先推进坡道、电梯等与老年人日常生活密切相关的公共设施改造，适当配备老年人出行辅助器具，为老年人提供安全、便利、舒适的生活和出行环境。”

2. ABCD，解析：《全国老龄工作委员会办公室、最高人民法院、中共中央宣传部等关于进一步加强老年人优待工作的意见》规定：“协力推进实施。优待老年人是全社会的共同责任。国家机关、社会团体、企事业单位和其他组织，都要履行为老年人提供优待的职责义务，积极为老年人提供优待服务。各级涉老主管单位要规范服务，加强管理，督促各优待服务场所、设施和窗口设置优待标识，公布优待内容。有关部门要加强尊老敬老思想教育和道德宣传、老年维权法制教育活动，增强社会成员优待老年人的自觉性，提高老年人自我维权意识和能力。深入推进‘敬老爱老助老’主题教育、‘敬老文明号’和‘老年人维权示范岗’活动，在全社会弘扬孝亲敬老传统美德，进一步营造尊重老年人的社会氛围。”

3. ABC，解析：《全国老龄工作委员会办公室、最高人民法院、中共中央宣传部等关于进一步加强老年人优待工作的意见》规定：“公共交通工具要设立不低于坐席数10%的‘老幼病残孕’专座。铁路部门要为列车配备无障碍车厢和座位，对有特殊需要的老年人订票和选座位提供便利服务。”

（四）填空题

1. “三无”老年人；“五保”老年人。（《全国老龄工作委员会办公室、最高人民法院、中共中央宣传部等关于进一步加强老年人优待工作的意见》）
2. 60周岁以上；因地制宜；同等优待。（《全国老龄工作委员会办公室、最高人民法院、中共中央宣传部等关于进一步加强老年人优待工作的意见》）
3. 筹劳任务；老年人养老。（《全国老龄工作委员会办公室、最高人民法院、中共中央宣传部等关于进一步加强老年人优待工作的意见》）

（五）简答题

1. 答：《全国老龄工作委员会办公室、最高人民法院、中共中央宣传部等关于进一步加强老年人优待工作的意见》中有关组织实施的主要内容是：“（一）切实加强领导。各地要高度重视老年人优待工作，健全政府主导、老龄委组织协调、相关部门各司其职、企事业单位和社会团体以及志愿者积极参与的工作体制和运行机制。要保障老年人优待工作经费，进一步落实各项财税优惠政策，调动社会力量积极参与。加强对老年人优待工作年度目标责任考核，确保责任到位、任务落实。县级以上地方人民政府和相关部门要结合实际制定老年人优待政策和具体实施办法。（二）协力推进实施。优待老年人是全社会的共同责任。国家机关、社会团体、企事业单位和其他组织，都要履行为老年人提供优待的职责义务，积极为老年人提供优待服务。各级涉老主管单位要规范服务，加强管理，督促各优待服务场所、设施和窗口设置优待标识，公布优待内容。有关部门要加强尊老敬老思想教育和道德宣传、老年维权法制教育活动，增强社会成员优待老年人的自觉性，提高老年人自我维权意识和能力。深入推进“敬老爱老助老”主题教育、“敬老文明号”和“老年人维权示范岗”活动，在全社会弘扬孝亲敬老传统美德，进一步营造尊重老年人的社会氛围。（三）监督检查落实。各级老龄工作委员会负责老年人优待工作的组织协调和监督指导，各级老龄工作委员会办公室承担老年人优待工作的日常事务管理，要会同有关部门定期开展监督检查。要进一步发挥行政监督和社会监督的作用，建立健全信息反馈和监督机制，设立服务和监督热线，依法妥善解决好举报和投诉问题，对老年人优待工作中反映强烈的突出问题，要尽早发现、及时解决。对不按规定履行优待老年人义务的，由有关主管部门责令改正。”

2. 答：《全国老龄工作委员会办公室、最高人民法院、中共中央宣传部等关于进一步加强老年人优待工作的意见》规定，进一步加强老年人优待工作的基本原则是：（1）政府主导，社会参与。发挥政府在政策制定、督查检查、示范引领方面的主导作用，在社会保障、基本公共服务等方面积极为老年人提供优待，采取措施鼓励、引导社会力量参与优待工作。（2）因地制宜，积极推进。根据经济社会发展实际，合理确定优待范围、优待对象和优待标准。积极推进优待工作，坚持积极稳妥、循序渐进，稳步提升。（3）突出重点，适度普惠。从不同老年群体的实际需求出发，对各优待项目的服务对象进行细分，优先考虑高龄、失能等困难老年群体的特殊需要，逐步发展面向老年人的普惠性优待项目。（4）统筹协调，和谐共融。统筹社会优待与社会保障、优待工作与老龄事业、物质帮助与精神关爱协调发展；统筹推进城乡老年人优待工作，加快发展农村老年人优待项目；统筹不同年龄群体的利益诉求，促进代际共融与社会和谐。

十八、全国老龄委办公室、中宣部、国家发改委等关于加强老年人优待工作的意见

（一）判断题

1. 老年人优待工作要坚持从年轻人的实际需求出发；坚持发挥党政主导作用，广泛动员社会力量；坚持立足于城乡和地区的经济社会发展实际，考虑不同老年人群的特点，因地制宜，分类指导；坚持依法履行职责与思想道德建设相结合，在落实优待政策的同时，积极营造尊重、关心和照顾老年人的社会氛围。（　　）
2. 贫困老年人要按规定纳入城乡社会救助体系。各地在制定特殊困难群体救助政策和办法时，要对贫困老年人给予重点照顾。（　　）
3. 公园、园林、旅游景点应积极为老年人提供门票减免，并提倡对外埠老年人实行同等优待。各地公园、园林、旅游景点等公共场所可在“重阳节”或当地“老人节”当日对老年人实行免费开放，具体办法由地方政府制定。（　　）
4. 各级老龄工作委员会要在同级政府的领导和支持下，建立有关涉老优待职能部门的联席会议制度，由老龄工作委员会办公室承担日常工作，负责老年人优待工作的具体组织、指导、协调和本地老年人优待证的制作发放工作。（　　）

（二）单项选择题

1. 优待服务的对象为（　　）及以上的老年人。

A. 60 岁　　B. 50 岁

C. 30 岁　　D. 20 岁

2. 医疗机构应为老年人就医提供方便和优先优惠服务。卫生部门应根据各地的实际情况，组织医护人员为本地百岁及以上老年人每年至少提供

(　　)免费体检。

A. 两次　　B. 三次

C. 一次　　D. 七次

3. 农村“五保”老人和贫困老年人参加新型农村合作医疗制度，符合救助条件的，可按规定帮助其交纳个人应负担的全部或部分资金。鼓励各地在开展新型农村合作医疗工作中，结合本地实际，对农村及(　　)以上老年人给予适当的政策优惠。

A. 60 岁　　B. 70 岁

C. 50 岁　　D. 40 岁

4. 关于《全国老龄委办公室、中宣部、国家发改委等关于加强老年人优待工作的意见》，下列说法中错误的是：(　　)

A. 提倡公共体育场馆、设施为老年人健身活动提供方便和优惠服务，在淡季可为老年文艺团体优惠提供场地

B. 贫困老年人入老年大学（学校）学习，不享受学费减免

C. 影剧院应积极为老年人实行票价优惠，在淡季可为老年文艺团体优惠提供演出场地

D. 公园、园林、旅游景点应积极为老年人提供门票减免，并提倡对外埠老年人实行同等优待。各地公园、园林、旅游景点等公共场所可在“重阳节”或当地“老人节”当日对老年人实行免费开放，具体办法由地方政府制定

（三）多项选择题

1. 提供养老优待，努力减轻老年人的经济负担，改善养老条件的要求有哪些？(　　)

A. 贫困老年人要按规定纳入城乡社会救助体系。各地在制定特殊困难群体救助政策和办法时，要对贫困老年人给予重点照顾

B. 老年人不承担各种社会集资。农村老年人不承担“一事一议”筹劳任务，有条件的地方可以不承担“一事一议”筹资任务

C. 有条件的地方，可对百岁或高龄老年人发放生活补贴

D. 城乡贫困家庭老年人去世，享受丧葬殡仪服务费用减免

2. 严格执行（　　），重点做好城市道路、车站、机场、商场、公交站点、住宅居住区和其他公共建筑的无障碍设施建设，为老年人居住和出行创造无障碍环境。

A. 《中华人民共和国宪法》

B. 《中华人民共和国种子法》

C. 《城市道路和建筑物无障碍设计规范》

D. 《老年人建筑设计规范》

3. 优待服务的内容要兼顾老年人的物质生活、精神文化生活、医疗保健以及维护权益等多方面的需要，注意照顾（　　）以及等特殊群体的需求。

A. 贫困老年人　　B. 高龄老年人

C. 鳏寡孤独老年人　　D. 病残老年人

（四）填空题

1. 医疗机构应为老年人就医提供____服务。提倡各地医疗机构减免老年人普通门诊挂号费和贫困老年人家庭病床出诊费。卫生部门应根据各地的实际情况，组织医护人员为本地百岁及以上老年人每年至少提供____免费体检。

2. 国家财政支持的各级各类博物馆（院）、美术馆、科技馆、纪念馆、烈士纪念建筑物、名人故居、____、文化馆（站、宫，含工人文化宫）等公益性文化设施要向老年人____。

3. 公园、园林、旅游景点应积极为老年人提供门票减免，并提倡对外埠老年人实行同等优待。各地公园、园林、旅游景点等公共场所可在____或当地____当日对老年人实行免费开放，具体办法由地方政府制定。

4. 对城市____、农村“五保”老人和城乡贫困老年人提出的法律援助申请，要简化程序，优先受理、优先审核和指派。各地可根据本行政区域的经济发展水平及____，对老年人申请法律援助的经济困难标准和受案范围适当放宽。

（五）简答题

1. 简述加强老年人优待工作的指导原则。

2. 简述对老年人实行优待的基本要求。

参考答案

（一）判断题

1. ×，解析：《全国老龄委办公室、中宣部、国家发改委等关于加强老年人优待工作的意见》规定："老年人优待工作要坚持从老年人的实际需求出发；坚持发挥党政主导作用，广泛动员社会力量；坚持立足于城乡和地区的经济社会发展实际，考虑不同老年人群的特点，因地制宜，分类指导；坚持依法履行职责与思想道德建设相结合，在落实优待政策的同时，积极营造尊重、关心和照顾老年人的社会氛围。"
2. √，解析：《全国老龄委办公室、中宣部、国家发改委等关于加强老年人优待工作的意见》。
3. √，解析：《全国老龄委办公室、中宣部、国家发改委等关于加强老年人优待工作的意见》。
4. √，解析：《全国老龄委办公室、中宣部、国家发改委等关于加强老年人优待工作的意见》。

（二）单项选择题

1. A，解析：《全国老龄委办公室、中宣部、国家发改委等关于加强老年人优待工作的意见》规定："优待服务的对象为 60 岁及以上的老年人。在此基础上，各地可以根据不同老年群体的需求和本地实际，对各优待项目的服务对象进行细分。原则上，各省（自治区、直辖市）都应有覆盖本地老年人的统一优待办法，提倡地（市）、县（市、区）为老年人提供更多、更优惠的优待项目，鼓励把优待对象的范围扩展至外埠老年人。"
2. C，解析：《全国老龄委办公室、中宣部、国家发改委等关于加强老年人优待工作的意见》规定："医疗机构应为老年人就医提供方便和优先优惠服务。提倡各地医疗机构减免老年人普通门诊挂号费和贫困老年人家庭病床出诊费。卫生部门应根据各地的实际情况，组织医护人员为本地百岁及以上老年人每年至少提供一次免费体检。"
3. B，解析：《全国老龄委办公室、中宣部、国家发改委等关于加强老年人优待工作的意见》规定："农村'五保'老人和贫困老年人参加新型农村合作医疗制度，符合救助条件的，可按规定帮助其交纳个人应负担的全部或部分资金。鼓励各地在开展新型农村合作医疗工作中，结合本地实际，对农村 70 岁及以上老年人给予适当的政策优惠。”

4. B，解析：《全国老龄委办公室、中宣部、国家发改委等关于加强老年人优待工作的意见》规定：“贫困老年人入老年大学（学校）学习，享受学费减免。”

（三）多项选择题

1. ABCD，解析：《全国老龄委办公室、中宣部、国家发改委等关于加强老年人优待工作的意见》规定：“1. 贫困老年人要按规定纳入城乡社会救助体系。各地在制定特殊困难群体救助政策和办法时，要对贫困老年人给予重点照顾。2. 老年人不承担各种社会集资。农村老年人不承担‘一事一议’筹劳任务，有条件的地方可以不承担‘一事一议’筹资任务。3. 有条件的地方，可对百岁或高龄老年人发放生活补贴。4. 城乡贫困家庭老年人去世，享受丧葬殡仪服务费用减免。”
2. CD，解析：《全国老龄委办公室、中宣部、国家发改委等关于加强老年人优待工作的意见》规定：“严格执行《城市道路和建筑物无障碍设计规范》和《老年人建筑设计规范》，重点做好城市道路、车站、机场、商场、公交站点、住宅居住区和其他公共建筑的无障碍设施建设，为老年人居住和出行创造无障碍环境。”
3. ABCD，解析：《全国老龄委办公室、中宣部、国家发改委等关于加强老年人优待工作的意见》规定：“优待服务的对象为 60 岁及以上的老年人。在此基础上，各地可以根据不同老年群体的需求和本地实际，对各优待项目的服务对象进行细分。原则上，各省（自治区、直辖市）都应有覆盖本地老年人的统一优待办法，提倡地（市）、县（市、区）为老年人提供更多、更优惠的优待项目，鼓励把优待对象的范围扩展至外埠老年人。优待服务的内容要兼顾老年人的物质生活、精神文化生活、医疗保健以及维护权益等多方面的需要，注意照顾贫困、高龄、鳏寡孤独老年人以及病残老年人等特殊群体的需求。”

（四）填空题

1. 方便和优先优惠；一次。（《全国老龄委办公室、中宣部、国家发改委等关于加强老年人优待工作的意见》）
2. 公共图书馆；免费或优惠开放。（《全国老龄委办公室、中宣部、国家发改委等关于加强老年人优待工作的意见》）

3. “重阳节”；“老人节”。（《全国老龄委办公室、中宣部、国家发改委等关于加强老年人优待工作的意见》）
4. “三无”老人；财力状况。（《全国老龄委办公室、中宣部、国家发改委等关于加强老年人优待工作的意见》）

（五）简答题

1. 答：《全国老龄委办公室、中宣部、国家发改委等关于加强老年人优待工作的意见》规定：“老年人优待工作要坚持从老年人的实际需求出发；坚持发挥党政主导作用，广泛动员社会力量；坚持立足于城乡和地区的经济社会发展实际，考虑不同老年人群的特点，因地制宜，分类指导；坚持依法履行职责与思想道德建设相结合，在落实优待政策的同时，积极营造尊重、关心和照顾老年人的社会氛围。”
2. 答：《全国老龄委办公室、中宣部、国家发改委等关于加强老年人优待工作的意见》规定：“优待服务的对象为60岁及以上的老年人。在此基础上，各地可以根据不同老年群体的需求和本地实际，对各优待项目的服务对象进行细分。原则上，各省（自治区、直辖市）都应有覆盖本地老年人的统一优待办法，提倡地（市）、县（市、区）为老年人提供更多、更优惠的优待项目，鼓励把优待对象的范围扩展至外埠老年人。优待服务的内容要兼顾老年人的物质生活、精神文化生活、医疗保健以及维护权益等多方面的需要，注意照顾贫困、高龄、鳏寡孤独老年人以及病残老年人等特殊群体的需求。”

十九、全国老龄办等部门关于全面推进居家养老服务工作的意见

（一）判断题

1. 居家养老服务是指政府和社会力量依托社区，为居家的老年人提供生活照料、家政服务、康复护理和精神慰藉等方面服务的一种服务形式。它是对传统家庭养老模式的补充与更新，是我国发展社区服务，建立养老服务体系的一项重要内容。(　　)
2. 全面推进居家养老服务，是破解我国日趋尖锐的养老服务难题，切实降低广大老年人生命、生活质量的重要出路；是弘扬中华民族尊老敬老优良传统，尊重老年人情感和心理需求的人性化选择；是促进家庭和谐、社区和谐和代际和谐，推动社会主义和谐社会建设的重要举措；也是加快发展服务业，扩大就业渠道和促进经济增长的重要途径。(　　)
3. 发展居家养老服务，要以科学发展观为统领，以构建社会主义和谐社会为目标，坚持政府主导和社会参与，不断加大工作力度，积极推动居家养老服务在城市社区普遍展开，同时积极向农村社区推进。(　　)

（二）单项选择题

1. 力争“(　　)”期间，全国城市社区基本建立起多种形式、广泛覆盖的居家养老服务网络，使社区居家养老服务设施不断充实，服务内容和形式不断丰富，专业化和志愿者相结合的居家养老服务队伍不断壮大，居家养老服务的组织管理体制和监督评估机制逐步建立、健全和完善。

   A. 十一五　　　　B. 十二五

   C. 十三五　　　　D. 十四五

2. 农村社区依托乡镇敬老院、村级组织活动场所等现有设施资源，力争(　　)左右的乡镇拥有一处集院舍住养和社区照料、居家养老等多种服

务功能于一体的综合性老年福利服务中心，1/3左右的村委会和自然村拥有一所老年人文化活动和服务的站点。

A. 70%　　B. 50%

C. 80%　　D. 40%

3. 切实加强对居家养老服务工作的领导。(　　)应充分认识新形势下发展居家养老服务的重要性，把它列入政府工作议程，并根据本意见的精神，抓紧制定符合当地实际的政策措施。各有关部门要加强配合，积极支持居家养老服务的发展。各级老龄工作委员会办公室要认真履行综合协调职能，配合相关部门，积极推动居家养老服务工作的开展。

A. 各级人大　　B. 人民法院

C. 人民检察院　　D. 各级政府

(三) 多项选择题

1. 发展居家养老服务，必须坚持以下几项原则：坚持以人为本。从老年人实际需求出发，为老年人提供(　　)的服务；坚持依托社区。在社区层面普遍建立居家养老服务机构、场所和服务队伍，整合社会资源，调动各方面的积极性，共同营造老年人居家养老服务的社会环境；坚持因地制宜。紧密结合当地实际，与本地经济社会发展水平相适应，与社区人文环境和老年人的需求相适应，循序渐进，稳步推开；坚持社会化方向。采取多种形式，充分调动社会各方面力量参与和支持居家养老服务。

A. 方便　　B. 快捷

C. 高质量　　D. 人性化

2. 积极培育和发展居家养老服务组织。按照政府职能转变以及与企业、事业、社团分离的原则，对居家养老服务中能够与政府剥离的服务职能都要尽可能交给社会组织和非营利机构去办，交给市场和企业去办。各级政府应积极培育、规范管理各类居家养老服务机构，鼓励居家养老服务机构发展(　　)的服务模式。

A. 连片辐射　　B. 连锁经营

C. 统一管理　　D. 分散发展

3. 整合资源，建立和完善社区居家养老服务网络。要按照当地社区建设规划和老年人实际需要，协同各个部门，整合资源，在城市社区和大部分农村乡镇建设综合性居家养老服务中心、居家养老服务站点等基础性服务设施，大力推动专业化的(　　)、老年教育等服务项目的开展，构建社区为老服务网络，为老年人提供就近就便的多种服务。

A. 老年医疗卫生　　B. 康复护理

C. 文体娱乐　　D. 信息咨询

(四) 填空题

1. 加大政府投入力度，合理配置资源。各级政府应____，随着经济发展和社会进步，逐步加大投入，研究制定____的政策措施，鼓励和支持社会力量参与、兴办居家养老服务业。各级政府要统筹考虑居家养老服务设施建设、队伍建设和运营管理等问题，合理配置资源。有条件的地区可针对性地设立专项资金，开设资助项目，探索适应当地特点的居家养老服务模式。
2. 制定居家养老服务发展规划。各级政府应紧密结合____，科学地研究制定本地城乡社区发展居家养老服务规划，并把它纳入当地经济社会发展总体规划和社区建设总体规划中，统筹安排，推动居家养老服务____。
3. 贯彻落实支持居家养老服务的优惠政策。贯彻落实国家现行关于养老服务机构的税收优惠政策，对养老院类的养老服务机构提供的养老服务免征____，对各类非营利性养老服务机构免征自用____等。

(五) 简答题

1. 简述发展居家养老服务必须坚持的原则。
2. 简述全面推进居家养老服务的重要意义。

参考答案

(一) 判断题

1. √，解析：《全国老龄办等部门关于全面推进居家养老服务工作的意见》。
2. ×，解析：《全国老龄办等部门关于全面推进居家养老服务工作的意见》规定："全面推进居家养老服务，是破解我国日趋尖锐的养老服务难题，切实提高广大老年人生命、生活质量的重要出路；是弘扬中华民族尊老敬老优良传统，尊重老年人情感和心理需求的人性化选择；是促进家庭和谐、社区和谐和代际和谐，推动社会主义和谐社会建设的重要举措；也是加快发展服务业，扩大就业渠道和促进经济增长的重要途径。"

3. √，解析：《全国老龄办等部门关于全面推进居家养老服务工作的意见》。

（二）单项选择题

1. A，解析：《全国老龄办等部门关于全面推进居家养老服务工作的意见》规定："力争'十一五'期间，全国城市社区基本建立起多种形式、广泛覆盖的居家养老服务网络，使社区居家养老服务设施不断充实，服务内容和形式不断丰富，专业化和志愿者相结合的居家养老服务队伍不断壮大，居家养老服务的组织管理体制和监督评估机制逐步建立、健全和完善。"
2. C，解析：《全国老龄办等部门关于全面推进居家养老服务工作的意见》规定："农村社区依托乡镇敬老院、村级组织活动场所等现有设施资源，力争80%左右的乡镇拥有一处集院舍住养和社区照料、居家养老等多种服务功能于一体的综合性老年福利服务中心，1/3左右的村委会和自然村拥有一所老年人文化活动和服务的站点。"
3. D，解析：《全国老龄办等部门关于全面推进居家养老服务工作的意见》规定："切实加强对居家养老服务工作的领导。各级政府应充分认识新形势下发展居家养老服务的重要性，把它列入政府工作议程，并根据本意见的精神，抓紧制定符合当地实际的政策措施。各有关部门要加强配合，积极支持居家养老服务的发展。各级老龄工作委员会办公室要认真履行综合协调职能，配合相关部门，积极推动居家养老服务工作的开展。"

（三）多项选择题

1. ABCD，解析：《全国老龄办等部门关于全面推进居家养老服务工作的意见》规定："发展居家养老服务，必须坚持以下几项原则：坚持以人为本。从老年人实际需求出发，为老年人提供方便、快捷、高质量、人性化的服务；坚持依托社区。在社区层面普遍建立居家养老服务机构、场所和服务队伍，整合社会资源，调动各方面的积极性，共同营造老年人居家养老服务的社会环境；坚持因地制宜。紧密结合当地实际，与本地经济社会发展水平相适应，与社区人文环境和老年人的需求相适应，循序渐进，稳步推开；坚持社会化方向。采取多种形式，充分调动社会各方面力量参与和支持居家养老服务。"

2. ABC，解析：《全国老龄办等部门关于全面推进居家养老服务工作的意见》规定："积极培育和发展居家养老服务组织。按照政府职能转变以及与企业、事业、社团分离的原则，对居家养老服务中能够与政府剥离的服务职能都要尽可能交给社会组织和非营利机构去办，交给市场和企业去办。各级政府应积极培育、规范管理各类居家养老服务机构，鼓励居家养老服务机构发展连片辐射、连锁经营、统一管理的服务模式。"
3. ABCD，解析：《全国老龄办等部门关于全面推进居家养老服务工作的意见》规定："整合资源，建立和完善社区居家养老服务网络。要按照当地社区建设规划和老年人实际需要，协同各个部门，整合资源，在城市社区和大部分农村乡镇建设综合性居家养老服务中心、居家养老服务站点等基础性服务设施，大力推动专业化的老年医疗卫生、康复护理、文体娱乐、信息咨询、老年教育等服务项目的开展，构建社区为老服务网络，为老年人提供就近就便的多种服务。吸引生活自理的老人走出家门到社区为老服务设施接受服务和参加活动；对生活不能自理的老人则采取派专人上门包护，满足老年人生活照料、医疗护理、文化娱乐、心理慰藉等多种需求。依托城市社区信息平台，在社区普遍建立为老服务热线、紧急救援系统、数字网络系统等多种求助和服务形式，建设便捷有效的为老服务信息系统。"

（四）填空题

1. 转变职能；民办公助。（《全国老龄办等部门关于全面推进居家养老服务工作的意见》）
2. 本地实际；快速健康发展。（《全国老龄办等部门关于全面推进居家养老服务工作的意见》）
3. 营业税；房产、土地的房产税、城镇土地使用税。（《全国老龄办等部门关于全面推进居家养老服务工作的意见》）

（五）简答题

1. 答：《全国老龄办等部门关于全面推进居家养老服务工作的意见》规定："发展居家养老服务，必须坚持以下几项原则：坚持以人为本。从老年人实际需求出发，为老年人提供方便、快捷、高质量、人性化的服务；坚持依托社区。在社区层面普遍建立居家养老服务机构、场所和服务队伍，整合社会资源，调动各方面的积极性，共同营造老年人居家养老服务的社会环境；坚持因地制宜。紧密结合当地实际，与本地经济社会发展水平相适应，与社区人文环境和老年人的需求相适应，循序渐进，稳步推开；坚持社会化方向。采取多种形式，充分调动社会各方面力量参与和支持居家养老服务。”

2. 答：《全国老龄办等部门关于全面推进居家养老服务工作的意见》规定：“全面推进居家养老服务，是破解我国日趋尖锐的养老服务难题，切实提高广大老年人生命、生活质量的重要出路；是弘扬中华民族尊老敬老优良传统，尊重老年人情感和心理需求的人性化选择；是促进家庭和谐、社区和谐和代际和谐，推动社会主义和谐社会建设的重要举措；也是加快发展服务业，扩大就业渠道和促进经济增长的重要途径。”